博瑞森图书
BRACE

企业阅读 本土实践

管 理 · 人 文 · 生 活

营销中国茶

2小时读懂茶叶营销

史贤龙 ◎ 著

The Marketing of Chinese Cha

中国青年出版社

律师声明

北京市中友律师事务所李苗苗律师代表中国青年出版社郑重声明：本书由著作权人授权中国青年出版社独家出版发行。未经版权所有人和中国青年出版社书面许可，任何组织机构、个人不得以任何形式擅自复制、改编或传播本书全部或部分内容。凡有侵权行为，必须承担法律责任。中国青年出版社将配合版权执法机关大力打击盗印、盗版等任何形式的侵权行为。敬请广大读者协助举报，对经查实的侵权案件给予举报人重奖。

侵权举报电话

全国"扫黄打非"工作小组办公室　　　　　中国青年出版社
010-65233456　65212870　　　　　　　010-50856057
http://www.shdf.gov.cn　　　　　　　　E-mail: bianwu@cypmedia.com

图书在版编目（CIP）数据

营销中国茶：2小时读懂茶叶营销/史贤龙著.—北京：中国青年出版社，2018.9
ISBN 978-7-5153-5288-6

Ⅰ.①营… Ⅱ.①史… Ⅲ.①茶叶—市场营销学—研究—中国 Ⅳ.①F724.782
中国版本图书馆CIP数据核字（2018）第204625号

营销中国茶：2小时读懂茶叶营销
史贤龙/著

出版发行：中国青年出版社
地　　址：北京市东四十二条21号
邮政编码：100708

责任编辑：刘稚清
封面制作：久品轩

印　　刷：河北宝昌佳彩印刷有限公司
开　　本：880×1230　1/32
印　　张：7.375
版　　次：2019年3月北京第1版
印　　次：2019年3月第1次印刷
书　　号：ISBN 978-7-5153-5288-6
定　　价：88.00元

《营销中国茶》主体部分写于 2012 年 6 月至 10 月，首发于《销售与市场》的官方网站——"第一营销网"，本次修订增加了约 25% 的内容。

把一本主要写于 2012 年的著作放在 2018 年正式出版，就其大部分内容看，依然具有不过时的专业洞察，解决方案可行可用，也说明中国茶的营销没有进入互联网时代，的确还是一个"传统行业"。

但同时，本书在 2018 年出版，可能又生逢其时：中国茶的黄金十年大幕，刚刚开始。近百年来，中国茶的基本状况是：最大的产茶国、二等的喝茶国、三等的品牌国、四等的科研国。未来的中国茶，作者预期，中国茶将成为：一流科研国、一流喝茶国，推动最大产茶国向一流产茶国转变，最终诞生立顿、星巴克式国际性的超级茶品牌，成为一流茶品牌国。

怎样成为一流茶品牌国？本书从不同视角对中国的茶营销进行了思考，内容涉及中国茶产业战略困境、茶企规模化、茶品牌崛起、茶文化、茶营销、茶消费、茶零售、茶道等诸多方面，但概括起来，可用三个核心关键词涵盖全书：

第一个词，"困局"。本书系统地梳理了中国茶没有出现立顿、星巴克式超级规模化品牌的根本原因，认为中国茶的困局在于没有解决两个核心要素：产品与文化。

第二个词，"破局"。作者认为，中国茶要优先消费品化，先做大消费，后做茶文化，并旗帜鲜明地提出：中国茶企当前的首要战略是如何实现企业的快速规模化，其他问题都应从属于快速规模化这个战略。

第三个词，"创举"。作者规划了一系列解决方案，即让中国茶成为真正消费品超级品牌的形成逻辑。在本书中，作者列举了茶业十大商业模式，涵盖茶的各种商业形态，对茶叶、茶饮、茶空间、茶会、茶教育等茶业品牌，都有借鉴意义。

最后，作者有三句话，是对中国茶的基本判断，与爱茶的朋友分享：

茶是这片土地留给中国人的最美物产。

全世界只有中国茶种类最丰富、最完整。

中国茶会成为世界最健康、最快乐的饮品。

健康快乐地喝茶，以茶会友，让茶香温润生活，是人生最大的乐事。

2018 年 4 月 22 日于佛山

中国茶的新机会

从 2010 年起，接触的茶企、茶人多了起来，看到做茶的人也越来越多，我对中国茶产业的观点基于以下视角：

中国茶企当前的首要战略，是如何实现企业的快速规模化，其他问题都应从属于快速规模化这个战略。

简单地说，促使我撰写茶行业的系列研究文章，以及至今接触、参与、观察茶市场的初心没有改变，就是本书中所说的：探究中国茶产业超级品牌的形成逻辑。

中国茶行业发生了很多变化，我对茶行业的认识也更深入、更量化。

先总结一下过去 5 年里可以列入中国茶产业发展现象级的事件，这些现象级事件里透露着未来之光。

论断 1：**未来品牌化的高端茶需要由大资本介入，采用高端商品的营销方法，建立品牌消费市场，这是中国茶营销的核心课题之一。**

现象级品牌：小罐茶。

小罐茶高举高打，产品设计、包装差异化、店铺设计、广告设计、品质背书等都做了一次集大成式的创新，这是中国茶产业从来没有过的一次系统创新。为了体现品牌品位，小罐茶甚至投资专用制罐厂，形成产品（包装）壁垒。

论断 2：**中端茶、大路茶显然最需要营销的刺激，培养中国本土年轻消费群及中年消费群的饮茶习惯，在这种消费习惯中建立品牌。**

现象级品牌：艺福堂、茶香书香。

艺福堂是大众茶品牌的典型代表，而且是纯电商品牌，可以说是茶产业里抓住了 10 年电商红利的代表。茶香书香则是中国茶"星巴克"的代表，虽然最终因为股权配置导致试验搁浅，但茶香书香的商业模式本身并没有大的问题，这样的品牌搞到 Sudden death，只有为之惋惜。

论断 3：**18 ~ 28 岁以下人群及女性消费者的渗透率，是中国茶消费崛起的指标。中国茶企高谈的茶文化，离上述人群的"习惯性消费"太远了。事实是，中国茶基本将年轻大众的消费市场拱手相让。**

现象级品牌：喜茶。

喜茶的出现，不是偶然，在喜茶之前，中国的现饮茶铺已经火爆了 10 年，比如快乐柠檬等。喜茶的意义在于最终捅破了"1"，也就是喜茶门店的网红化、快速连锁化，从全国几万家茶铺里脱颖而出，在最短时间，收割了最大的市场红利。

有了上述三个方向上的现象级事件，我以前说的"中国茶行业还没有真正的'最佳实践'，即学习标杆"的问题，初步得到解决：总算有了一些"小荷才露尖尖角"的成功领先者，可以验证茶业营销方法论的真伪。

为严谨起见，除了上述现象级事件，我们简单扫描一下本书中提出的"中国茶消费十大商业模式"的发展，可以对新的变化有更加深入的洞察。

模式 1：品类品牌。

这是中国茶的主力军，已经出现了一大批专业的品类品牌：聚芳永西湖龙井、文新信阳毛尖、一笑堂六安瓜片、柏联普洱、祥源祁红、凤牌滇红、川红、黑六黑茶、香家坡白茶等。

中国茶的真正未来是：任何一个茶种，只要按照先做消费品，再做茶文化的思维，都会产生年销售额 10 亿元规模的茶品牌。对于个别大茶种（如西湖龙井、黄山毛峰、信阳毛尖、都匀毛尖、祁门红茶等），出现销售额 20 亿元以上的全国性大品牌，并不是天方夜谭。

现在来看，品类领袖品牌距离上述判断更近了。

值得补充的是，红茶、福鼎白茶这两大品类，未来的增长率会超过行业平均水平，甚至会迎来爆炸式增长。如果未来 5 年，品类茶品牌有什么大风口，应该是在上述两个品类里出现。

模式 2：渠道品牌。

茶叶店（含茶叶市场）是茶叶销售的主渠道，可是算得上有规模的渠道品牌只有吴裕泰。艺福堂可以算是电商渠道品牌。这两个品牌恰好代表了渠道的线上与线下，非常有意思。

无论线上还是线下，渠道品牌的商业逻辑是一样的，即对目标消费群消费特点的把握：价格段、品类、诉求、包装形态、推广方式。

茶叶渠道的碎片化、地域化与茶叶消费的碎片化、地域化是一脉相承的。出现了一些茶叶内容电商，以公众号、APP 等进行粉丝圈养与转化，这也是一个新渠道，只是流量还不够。

模式 3：包装品牌。

龙润、帝泊洱持续运营了很多年，还是望立顿而莫及。其实，立顿的升级版是中国茶叶包装品牌的唯一道路，非要独创一条新路，是很难成功的。

贵天下、谢裕大、徽府茗茶等，都在包装品牌的推广上做了很多努力，可惜战略导向错误，必然事倍功半。新出现的一批走包装品牌之路的品牌，如沐白匠园（挂耳原叶茶），如果不能深入理解"包装品牌"的运营诀窍，依然会浪费立顿、川宁给予中国茶的机会。

模式 4：茶馆品牌。

茶馆曾经是中国人喝茶的主要场所，但现在除了景区及历史名胜的茶馆，作为茶消费空间的茶馆已经被咖啡连锁店冲击得溃不成军。因此，从 2010 年开始，一茶一座、茶香书香、因味茶（inWe）、Teabank 等一大批有资本背景的中式茶空间，在成为"中国茶界星巴克"的愿景驱动下，如雨后春笋般涌现。

一茶一座的餐饮化，茶香书香的猝死，还是给"中国茶的星巴克"们吹了点冷风，至少说明在美好愿景下，如何解决场所消费的坪效，包括消费热度，都是新中国茶馆品牌必须解决的问题。否则，光明大道上还会出现白骨。

如果问我对茶馆品牌未来的看法，我的观点依然没有改变：中国茶的星巴克品牌一定会出现，这是十大商业模式里最有长期价值的方向。没做好，得反躬自问，不用怀疑这个方向的前景。

模式 5：茶艺品牌。

茶艺是中式生活美学的必然元素，出现一个规模化的茶艺品牌，不但必然，而且必须。已经有了一些线上、线下的探索者，线上如一箱（移动茶席），线下如茶仙子，茶人主导的茶艺馆更是不胜枚举。

茶艺品牌已经不是茶消费、茶贸易，而是茶服务。这个方向上，最需要文化底蕴与经营能力，可惜这两者都是中国茶人欠缺的。

模式 6：原液茶饮料品牌。

这是快消品的范畴，茶 π 的风行说明茶饮料依然是饮料行业的主流品类。

模式 7：原液现泡品牌。

这个领域依然只有 Lepod（乐泡）在坚守，而且孵化出了 Teadiva 等茶馆品牌，进入三只松鼠投食店、聚芳永西湖龙井茶叶店等零售终端。商用消费市场还是个人消费市场，七年前是个问题，现在依然是个问题。

模式 8：礼品茶品牌。

小罐茶争议不小，茶圈内的评论纠结于茶叶好不好，这还是眼界问题。小罐茶已经成为中国茶高端品牌的代表，这个心智认知比多少人认为小罐茶好喝、划算重要一万倍。这么短时间内就成为高端茶礼的符号，这是按照市场规律出牌的红利。

模式 9：茶食品品牌。

茶食品竟然没有专业品牌，真不知道一堆毫无特色的食品（烘焙）企业是怎么想的。目前有点风行的，是日式抹茶糕点，比如一个叫无邪的专业品牌。

模式 10：茶铺（Tea shop）品牌。

本书里明确指出：具有发展出全国性、规模化连锁现饮铺品牌的潜力。喜茶、福海堂等，率先在商业区、高铁站、大学城等攻城略地，这是个非常简单的商业模型，很容易看到数据，资本也愿意投。

这个商业形态的问题，与餐饮类似，最终要解决两个核心问题：产品价值与产品效率的矛盾、运营管理的持续效能。黄太吉煎饼，就是栽在这两个问题上。

喜茶广州有家门店一天流水 10 万元，也就是 5000 杯，如果按照 10 小时不间断工作时间计算，平均每分钟要做出 8 杯，这已经不是浪漫的想象，是一个精密的现代机器化操作。

七年前我说过：中国茶营销，必须呼吁、帮助中国茶在上述十种商业模式上塑造"领先品牌"，以榜样的力量，带动中国茶产业形成以"消费拉动产业链"的良性生态系统。

站在今天看未来七年，事情的新变化呈现了中国茶品牌的新机会、大风口。

风口 1：年轻消费群体的加入，尤其是女性茶消费意愿与实际购买频次的提升，是最大的风口。

在这个判断下审视茶消费市场，喜茶的速度才刚刚开始，喜茶、丧茶作为现象级事件的意义是，年轻消费者对茶的创新，保持这么包容的接受态度，这简直是上帝的礼物。

茶香书香的夭折未必是坏事，反而可能是中国茶空间 2.0 版的序幕。失人存地，人地两失。失地存人，人地两存。我得说，真正的好戏还没有开场。

风口 2：红茶、白茶出现战略性时间窗口。

红茶、白茶的未来将重演普洱茶的发展轨迹，这三种茶的属性是同类。红茶、白茶的市场预期在于新创品牌，按照消费品的成熟模式对传统的品牌流通模式重新洗牌，这两个品类有足够的体量与潜在消费市场，给予一次平等竞争的机会，老的茶企并不占据优势。

风口 3：品类茶规模化的问题依然是老问题——市场营销的战略及持续运营能力。

品类茶是中国茶的主干，发展方向也没有改变，还是本书里预测过的，中国大多数"品类茶"最终的品牌生态格局如下。

1个全球化＋全国化的超级品牌（年销售额10亿元以上）；

2个全国化的优秀品牌（年销售额超5亿元）；

3～5个区域化（覆盖2个省市以上）品牌（年销售额超1亿元）；

N个地方化的茶农、茶商品牌（年销售额500万元以上，即现有的茶叶经营主体）；

1～2个特产化品牌（年销售额3000万元以上）。

前三类茶企将控制品类茶资源（茶园与制茶师傅）的60%以上，销量或销售额占品类茶的75%以上。

三个大风口是从可快速规模化角度的判断，并不意味着茶叶发展只有这三个方向。茶这棵大树，是大自然与历代茶人留给中国人及全世界的礼物，在十个商业模式里，任何一个用心做好产品的茶品牌，都有生存与赚钱的机会。

消费品化、规模化、零售化，是打造茶品牌战略的营销逻辑。这是七年前打造茶业超级品牌的三个核心战略，现在得增加一个：全球化。简单说，跟上一带一路的国家战略，勇闯天涯。

可以预见，未来的七年，不仅是茶消费的复兴，也会是茶文化的重构。中国茶消费崛起的背后，必然是中国人的生活方式、生命哲学、审美风格的重构。

日本人学习苏格兰威士忌酿造 100 多年，结果成了世界第一，这个现象耐人寻味。世界最大的咖啡种植地，没有咖啡品牌。不要认为茶品牌一定会由中国人来建立。在全球自由化的大趋势下，后人不努力，好东西未必是你的。

中国茶的超级品牌如果不是中国人创立，将是 60 后一代茶人的罪过。20 世纪二三十年代的中国茶人，何曾有今天这样庞大的茶园规模，如此热情的茶消费人群？

这本书是基于一个梦想：见证中国茶超级品牌的诞生。

一

茶"翅"难飞：中国茶产业的战略困境

中国茶陷入囚徒式的战略困境。

茶产业链上下游号称 7 万家的茶农、茶叶商户、茶企、茶叶专卖店、茶楼等，中字号、国字号、老字号、资本新军、个体户一个不缺。从 2011 年茶行业 20 强排名看，流通性茶企居多，如中茶、省茶公司、地方渠道品牌（吴裕泰等）；年营业额超过 10 亿元的公司只有中茶股份与湖南茶叶公司；年营业额 20 强的最低门槛是 3.7 亿元，最大的茶企仅 15 亿元；前 20 位多是以大宗原料茶流通为主，真正的品牌茶销量所占份额极少，**反映了中国茶产业的格局特点：散、杂、小。**

中国茶、中国茶企，禀独一无二天地灵气，承千年茶文化祖荫，拥数亿非茶不饮的消费者，又值中国消费结构性升级大环境，可以说天时、地利、人和、时势，外因齐聚，万千宠爱集于一身，可惜真正重量级的品牌，即实现**"品牌产品销量规模化"**的优质茶企却寥寥无几。

刺激中国茶的行业及媒体论调是：偌大一个中国茶产业规模不敌一个立顿，或中国最大茶企业不及立顿1％等。

如果"立顿茶"长了一对隐形的翅膀，那么中国茶只能说长的是一对沉重的翅膀。为什么在茶文化一片红火之下，中国茶企却不能展翅高飞呢？

每年春茶上市时，几乎每个茶业产区、茶园、茶厂、茶企、茶品牌的新闻都是一样的内容：天价茶。不禁让人怀疑：**这些炒作究竟是出自同一家策划公司之手，还是中国茶企的脑袋都被"格式化"了？**

作为产茶卖茶的企业，想让产品卖个好价钱、提升社会关注度、提高品牌档次等，都无可厚非，但企业有没有看着**"产品销售报表"**思考一下：

（1）这样的"品牌炒作"究竟对产品销售有多大影响？

（2）天价茶是送的多还是买的多？

（3）天价茶是否抬高了**"产品的综合价位"**（吨茶平均价格）水平？即品牌溢价能力是否得到真实提升？

（4）企业销量的年增长率如何？

（5）企业的直营专卖店、加盟店或电子商务的渠道覆盖率提高了吗？

（6）企业走在"规模化"的道路上了吗？

区别炒作与品牌公关推广的标准，是看产品销售报表上反映的上述问题的结果是什么，不是身边有多少人说这个活动提升了品牌、地方领导鼓励、媒体上被曝光了多少次——带不来**产品销量与销量含金量**提升的**"品牌炒作"**，尤其是全部往天价茶这个社会美誉度不高的方向上挤，是典型的"为渊驱鱼、为丛驱雀"，伤害的是**"自发的中高端"**茶叶消费者。

无论从茶业全产业链的哪个环节分析，**现有茶企的战略、商业模式与营销策略，都不会产生真正的规模化"品牌"**——没有一个茶企的商业模式看起来是走在规模化路子上，中国茶的翅膀还真是非常沉重。

竹叶青是产品标准化程度比较高的品牌。竹叶青用静心、品味、论道等区隔产品等级，取消了散茶，树立了中国茶企做高价值产品品牌的典范。竹叶青模式成为茶叶品牌专卖店的通常做法，学习者甚多，如文新信阳毛尖、四品君雀舌、一笑堂六安瓜片、雾里青等，但竹叶青的年销售额只有 5 亿多元。

究其原因，包括竹叶青在内的茶企，都陷入了**中国茶经营两大行业"陋习"的陷阱**：一是茶企普遍有通过包装（包括内容物，如单包克重、单盒数量等）不断涨价的经营习惯；二是茶企不能坚持在同一包装、同一价格上的产品等级统一，消费者每年都要重新选择或寻找自己喜欢的那个口味的产品。

当前茶企的这些做法，看不出有"营销战略思维健全"的、以市场与消费者为导向的经营意志，只有唯利是图的机会导向，以及必然是务虚（知名度）结果的品牌传播，是在走一条花钱赚吆喝的"成名不成才"的道路。

为什么规模不大的中国茶企，却出现重虚名不重实际绩效的奇怪经营行为及思维？

中国茶企普遍规模较小，一些年销售额 1 亿元左右的品牌却都很"牛气"，张口动辄是全产业链、千亩万亩茶园基地，一条龙原生态茶园观光旅游，天价茶，让人眼花的产品规格、价格、品级与包装盒，等等。这些茶企，怎么看都没有"宰辅气象"，却有为晏子赶车的"御者"相：拥大盖，策驷马，意气扬扬，甚自得也。

与做人一样，一旦"甚自得"，通常就丧失了对现状的真实判断，也不会有大的追求，说起来满嘴文化，实际上停留在小贩的思维状态——如果有人非要说这是"务实"，我不会与你争论。至少《晏子春秋》里的御者之妻指出其问题，这位文化水平不高的御者，还是懂得"夫自抑损"，以至被晏子注意到，最终"荐以为大夫"。

中国茶的根本问题，并不是如有的"业内人士"说的那样：我们的茶产品很好，就是实力、资本、品牌弱……这种"套话"完全是目光短浅、小富即安的"自得"之见。

试问：一个资源（茶园基地）不缺、品牌血统（悠久历史）不缺、消费人群及消费习惯不缺，甚至背景不缺（国字号企业）、资本不缺的行业，为什么做不出大品牌？缺的是什么？

缺的一定是市场的关键要素：产品，即茶企没有解决茶产品与消费者的"沟通代码"问题。

从茶企挂在嘴边的茶文化，来看这种沟通代码错乱到了什么程度：不去提供最优性价比的，品质、品级、品相稳定的茶产品，而是玩茶具、外包装、天价茶、"0元首富茶"等，在茶叶产地里"借尸还魂"——陈圆圆、潘安卖茶、宋徽宗（赵佶）御笔等，这些是什么茶文化？这些策划与喝茶爱茶的消费者有什么关系？

再看大小茶企是怎样对待购买产品的消费者的：张口茶文化，闭口乱开价。产品最核心的要素——中国茶的"价格信号"系统是极度紊乱的。

中国茶的真正问题，正是茶企们挂在嘴边、认为没有问题的两个核心要素：产品与文化。

哪个中国茶企是按照消费品营销已经非常成熟的市场研究方法，从消费者与市场规律，来定义自己的产品？茶文化的核心是做**"让消费者爱喝的茶产品"**，而不是把重心放在玩前面说的那些茶具、茶仪式、天价茶等炒作与边缘产品上。

不去抓茶产品的主要问题：培育品牌消费者、推广品牌产品、建立口碑等，这样的茶企怎么能够做大？经营中摆脱不了行业陋习，眼睛里只有交易与一次性利润，怎么能茶"翅"高飞？

中国茶企当前的首要战略，是如何实现企业的快速规模化，其他问题都应从属于快速规模化这个战略。即

要按照快速规模化需要的战略资源、战略配置、战术手段，来重组企业的产品、渠道、生产、管理，按照消费品的营销规律，重塑产品力及其营销模式、商业模式，以"活着"的喝茶的消费者为营销核心，而不是摆弄"死去"的古人的茶文化。

谁能胜出？

国字号、大资本固然占有优势，却谈不上非他莫属；传统基地型的一体化（种—制—销）茶企占有资源优势，是可以撬动资本的筹码；走连锁专卖模式建立创新品牌的大茶商，也未必不能实现资本到茶园的反向整合。

谁能在市场里"卖"出一个市场覆盖率高、销量上规模、消费者口碑好的品牌产品，这是整合胜出的真正筹码。

制胜之道在市场营销，不是一般的要素营销，而是**产业营销的战略与方法**。能成功者，也不在出身（血统）与今天的行业排名。在产业进化的早期阶段，行业排名没有意义。**关键在企业洞察现状、认清方向、整合资源、聚焦突破的清晰战略与执行力。**

正如 2011 年销售数据显示的，最大的茶企不过 15 亿元，以大宗茶（原料茶、散茶）交易为主，说明茶产业处于低集中度的产业早期阶段，品牌化茶产品的战略增长空间极大。

超级品牌有超级品牌的形成逻辑。

在"中国茶"这个大品类里的中国茶企，需要以消费者重复饮用为核心，快速做大产品的市场规模；同时在企业内部导入战略营销系统，转型为一家真正以市场为导向的消费品公司。

中国茶企，不论现状大小，都要首先"归零"，改变一下"甚自得"的心态，用产业营销的视野、思维、方法，重新认识一下中国茶、中国茶的消费、市场，是茶企战略崛起之路的开始。

借中国咏蝉诗三绝里虞世南的名句，希望中国茶企树立"君子不坠青云之志"的自强意识：**居高声自远，非是藉秋风。**

境界决定高度，高度决定远度。

二

茶企规模化，需先过三关

茶企心声：快速规模化当然好，能做大谁不去做？有没有立竿见影的方法？心态归零可以，总不能产品归零、销售归零吧？归零之后怎么办呢？我也想用消费品成熟武器营销中国茶，怎么做呢？哪有立顿那么多钱花呢？认同快速规模化这个目标，怎么才能快速规模化呢？

挡在茶企快速规模化道路上的"拦路虎"有三个：意志关、方法关、资源关。

1. 意志关

1）你有规模化想法了，真的有规模化意志吗？

2）你研究过快速规模化的关键驱动力了吗？

3）你找到快速规模化的关键驱动力的关键举措了吗？

4）这些关键举措是否与你现有的商业模式、营销组合相匹配？

5）不能匹配的商业模式、营销组合为什么还要继续存在？

6）你有没有改变的具体方案及时间表呢？

经营意志由上述六项内容组成，并且要企业 Boss 或 CEO 推动落实到日常经营里。你做了吗？如果没有做这些，那你就是只有想法却没有经营意志的老板。

心（意志与愿景）、力（资源）、法（方法）都需要，但无心则有力有法亦不会大成。

2. 方法关

茶企需要的方法不是割裂的术，而是基于商业模式的道术一体。

茶企之道的要素有两个：一是品类定位；二是商业

模式选择。在这两个模式确定后，才是制定具体的战术举措。

品类定位，不仅指造一个新名称、发展一个新品类，经包括各地方茶企如何占领已经形成的品类。近年来造新品类很受追捧，如红岁、滇红、金骏眉、信阳红等，其实大部分是自拉自唱的品牌花把式，炒得热闹、销量很少。

任何消费品营销的基本常识都是：教育消费者比唤醒消费者的成本与难度高得多。小企业还要去担负教育品类消费的责任，这种思维从战略上看是小马拉大车。

抢注不等于占有，注册名称不等于获得销量，从销量角度考量品类定位战略，才是中国茶企必须思考的问题。

当茶企树立快速规模化的经营意志之后，就会引导茶企换一个角度来看行业机会、品类机会、企业现状、未来之路等。

快速规模化的能力，不取决于企业现有的产品品类、现有产品的销售规模与市场，而是取决于企业能否**根据行业与品类实际消费特点与规模，调整商业模式、营销模式，确定"尖刀式"产品战略**，坚定而迅速地把自己的企业、自己的品牌推向市场，**形成战略增长的趋势**。

3. 资源关

中国茶产业链很长，核心是三大资源：优质茶园、炒茶工艺及师傅（做出好茶的关键）、资本。目前中国茶产业有"三股势力"，是中国茶产业格局改变的驱动力：

1）国家产业扶持政策带动了资本对茶园的圈地运动。

2）国字号企业及部分炒家从流通渠道的投机炒作转入产业上游或下游的实体经营战。

3）各地的产区茶企开始通过品牌连锁专卖店走出传统茶叶批发市场的局限。

从"三股势力"与三大核心资源的匹配情况来看，实际上"三股势力"的机会大致是均等的：圈地及炒家转变的资本不仅没有品牌与渠道，甚至在收茶、炒茶的工艺技术上都不具备经验；国字号茶企拥有优质的茶叶产区资源、工艺、炒茶师傅等，却大都以大宗原料茶交易为主，真正的品牌茶所占份额不高；地方（包括自有茶园业主）茶企靠自我积累滚动发展，拥有茶园及炒茶资源，缺乏资本扩大再生产，经营模式上刚刚开始从散装试水品牌专卖店。

"三股势力"都有致命的产业链"死穴"，导致无法在市场上做大规模，从而利用市场势能对产业格局进行洗牌，三种驱动力目前还处于一种没有"短兵相接"的博弈状态。

在这种形势下，真正的战略资源不是政策，不是资本，不是经验，而是能够将资源、资本、智本三者结合在一起的"领头羊"。

"三股势力"里的任何一个茶企，都可以找到撬动三大资源整合的跳板与筹码。关键是是否具备战略洞察，或者说"一以贯之的经营意志"。

有了这种坚定的意志，茶企才能从自然增长转向"战略增长"，彻底改变自然增长时代形成的路径依赖与落后模式——这就是茶企真正的差异化，不是想一句广告语、请个明星代言之类徒有其表的品牌差异化。

无论茶企在哪里、做哪个品类、属于"三股势力"里的哪一种，都有机会去实现快速规模化，绝不是只能在传统模式上"小富即安"。

中国茶企要有大觉醒：没有规模化，一切都枉然。要想规模化，需先过三关。

三

茶企快速规模化的三大法宝

做好中国茶的营销，心（意志与愿景）、力（资源）、法（方法）最终还是归结到人：做茶的经营者与做茶营销的外脑。有以下几种类型：

不甚知者：这类人没有喝茶的生活习惯，自己不好茶，或偶尔浅尝者，对于中国茶广博的品类细分感觉复杂，也不知其中之差别，这些人谈茶眼里只有立顿，不懂何为"中国茶"，这样的人谈中国茶营销，是将无知当作创意的盲人摸象。

偏知者：有喝茶习惯的未必真懂品茶，这里有经济条件与个人生活偏好的双重影响。

广知者：懂得品茶的未必能跳出个人地域的偏好，

对各种茶品类都能持续品饮，这里也有个人性格与生活机遇的双重影响。

营知者：阅历中国各区域茶，未必能够用营销眼看中国茶产业及经营。

不懂中国茶，不能做好中国茶营销；不知品味茶与大众消费差别的，做不好中国茶营销；不能跳出所谓的"中国茶文化"，用营销眼洞察消费者饮茶习性（习惯+规律）的，也做不好中国茶营销。

中国茶的任何一个细分品类的基本状况都是：**有大消费没有大品牌**。这说明规模化的关键障碍，不在茶品类及消费，而是做茶人不懂快速规模化的营销之道。

中国茶企做不大、产业高度分散的格局已共知多年，集约化、规模化、农场化等整治药方也都开了出来，国家政策、地方政府、各路资本、传统茶商都跃跃欲试，茶叶市场看起来也越来越热，到处都在做品牌，为什么到现在最大的茶企（中茶）的年销售额不过15亿元，品牌茶（竹叶青）也只有5亿多元？

品牌茶专卖店到处开起来了，真正全国性，甚至地区性的强势品牌却没有，到处是店面装修风格类似、品牌名称不同的茶叶专卖店。这正是茶叶品牌分散的一个真实反映。

为什么会出现这样的情况？或者怎样才能改变这样的格局？谁？凭什么去改变？

中国茶的问题并不深奥，甚至因为不深奥而被解读得过于复杂。

茶产业没有形成集约化的原因只有一个：产业集中化驱动力的落脚点找错了。

改变种植模式、改变农场的产权结构、加强农场的产业化管理程度，这些通过上游资源整合达到行业集中度的"类地产"模式，不要说中国某些地方利益分割严重、地产资源过大，就算把中国茶半壁江山都划给中茶这样的国字号，它也不过是把各种马铃薯放在一个袋子里，不会产生真正的品牌消费。

中国茶叶行业整合的驱动力，只能来自下游，即消费者认知的产品品牌成熟——品牌市场覆盖率、市场占有率、消费者认知度的提高，才会形成以市场整合带动产地资源整合的良性循环。

原因很简单：中国茶不是石油、不是电信、不是水务、不是电力，甚至不是烟草，犯不上为这些众口难调的鸡毛蒜皮的小事操心劳神，你见到哪个垄断势力要去垄断中国的馒头或中餐的吗？

中国茶的核心问题，是茶企都没有按消费品营销的套路（即规律、规则）出牌。

消费品营销的关键成功因素，核心是三点，按优先性排列：

1）消费者化的产品（含产品的品牌化）。

2）水平与垂直可扩展的渠道。

3）以小博大的传播。

消费者化的产品（品牌）：

就是要根据品类消费者的实际状况，对产品满足的消费群进行定位，不能以为开个专卖店就什么产品都能卖，这种没有消费者定位的产品模式，只能让茶企的专卖店半死不活、专而不卖。

水平与垂直可扩展的渠道：

水平扩展指渠道模式的数量增加，如 KA 终端铺货、连锁专卖店等；垂直扩展指渠道类型的覆盖程度及各渠道之间的关联性，如实体渠道与电子商务渠道的互动、直销渠道与实体门店的互动等。渠道模式要具备水平与垂直的可扩展性，才能对市场覆盖率与市场占有率起到推动作用。

以小博大的传播：

产品（品牌）、渠道模式确定，传播的诉求及媒体也就容易确定。只有目的明确、目标清晰，传播才能做到"以小博大"。现在茶企在上述两个问题都不清晰的情况下，先开始"做品牌"——请明星代言人、在央视或卫视投放广告等。品牌意识很好，费用花了不少，但对于销量的拉动作用有限，只能以招商广告自我安慰一下。这不是以小博大的传播，而是花钱买吆喝。

中国茶企如何突破规模化僵局？

讲战略嫌大，讲战术嫌小，还是先从做消费品营销的 ABC 做起，有重点、有系统地造一艘**可持续增长的"模式之船"**。

中国茶的快速规模化之路，要立足于三大法宝，总结适用于具体茶企的"一以贯之的战略运营系统"——即将中国茶快速规模化的一般规律与茶企的资源实际情况相结合，提炼出独一无二的快速规模化战略，这是茶企打破规模瓶颈的关键一步，是中国茶营销之本。

本立然后道生，有道方可谈法、优术、谋势。

快速规模化定义：三个不等于、一个等于

≠快速集中化（寡头化、垄断化）

≠大众化

≠低端化

＝在细分品类或市场里成为强势品牌

四

茶品牌崛起，从产品开始

能不能先做出一个具有高度视觉美感的 LOGO（包括系列 VI、SI－连锁店面视觉设计），茶企的品牌就可以树立起来了？或者延聘一线明星做代言，在央视上投入几千万元露个脸，就成了高知名度的品牌了？

上述品牌化的意识、决心与投入，无可非议，但效果不会如预期的好。最好的情况是，上述投入能把"等值增量"拿到手，说明企业的渠道执行力很好。目前为止，做了这些品牌投资的，即使对招商加盟这样的简单水平增长的驱动力都很弱，更不要说促进产品的实际消费增量。

失败的原因没有任何特殊性，而是消费品的一般原理：顾客（心智）接受及认同的是品牌，掏钱购买的是产品。

中国茶的所有品牌，99.9%没有解决产品的标准化购买问题；以竹叶青为代表的品牌进行了产品标准化的0.1%（如红岁、金尖、四品君、文新等），却没有解决顾客对产品的价值认同问题。

中国茶的产品问题，绝不是一个"标准化"如此简单。有标准无认同，标准只是自拉自唱。价值认同从何而来？ 不是从《茶经》之类的历史传奇、神奇功效、名人题词等中来，只能从真实的顾客购买及品饮的口碑中来。

请茶企明白简单的消费常识：消费者口碑来自喝的茶，而不是茶企灌输给消费者的品牌文化。**喝茶首先是个物质的体验过程，然后才是文化精神联想，真者虚不得。**

品牌需有虚有实，虚实相生：有虚无实，小姑居处本无郎；有实无虚，凤凰窝在鸡笼里；有虚有实，方能上得厅堂、入得厨房。

消费者喝茶的感觉好了，自然会给你的茶赋予历史与文化，而不是茶企用所谓的历史文化"故事营销"给消费者洗脑。这样做的茶企，你愿意花钱做推广，消费者却不傻。

今天的中国茶企业面临从自然增长向战略增长转变的分岔口。

中国茶的真正问题是什么？对这个问题的洞察，可以解答为什么在中国茶企现有的商业模式或市场策略下，不可能诞生超级品牌。

中国茶的问题聚焦在三个"消费关键点"上，也是中国茶品牌崛起必须克服的三个产品困境：**有类无品、有牌无品、有礼无品。**

克服或解决了这三个产品困境的茶品牌，才能走上滚雪球式的可持续战略增长之路。

1. 什么是有类无品

不是有品类无品牌的问题，而是有品类无产品，即当我们说喝某品类茶的时候，每个消费者脑袋里浮现出的茶产品都是不一样的。

中国茶这个大品类有两个含义：一是与日本茶、立顿茶相区隔的一个茶的大品类。日本茶及其茶道，虽然源自中国，但其茶道核心是日式抹茶，即将茶叶研磨粉碎之后的品饮方法；立顿茶起源于英式下午茶，以红茶及其各式花色调配茶为主；中国茶则讲究产地、原叶、原泡，色香味形融为一体的品饮方式。

三类茶品饮方式的不同，显示了三种茶品类的本质差异，这种差异所针对的消费者利益及体验（即驱动力）是完全不同的，也就意味着这三类茶营销模式必然是不同的。此其一。

第二层含义是中国茶大类下由近千种地方性小品类构成，具备较高知名度的茶品类也有近 300 种之多，这是中国茶文化的基本属性，是茶作为凝聚天地水气之灵物的本质属性，怎么能参照立顿模式去轻易否定呢？**这是中国茶文化之根，不是中国茶的问题，恰恰是中国茶的优点所在。**

为什么会出现有类无品？原因有两个：一是缺乏强势的（高销量份额）品类细分产品品牌，即高认知度的明星产品；二是每个品类里也没有形成口味、品级、价格、包装等元素都稳定的代表性产品。

消费者之所以只能选择喜欢的品类，如黄山毛峰、西湖龙井、君山银针、信阳毛尖等，不仅仅是消费者真的只偏好某一种茶，而是没有选择的机会，以及选择的成本及风险很高，所以造成消费者喝茶的"品类地方化"现象。

对此问题缺乏认识，说明对中国茶的产区、品类、消费特点都缺乏足够的了解。 在任何一个细分品类里，都没有一个标杆性的、占据高市场份额的产品品牌，也没有可以代表品类的标杆产品，消费者还能怎么选择？只能出现选品类不选品牌（即品牌对应的产品）的消费与市场局面。

能不能出现一个品类代表性的品牌呢？答案是：能。但要靠产品在细分品类里的市场份额，而不是靠所谓的品类定位。没有市场份额，企业自己的品类定位有什么用？

在任何一个中国茶的细分品类里，无论是绿茶，还是红茶、普洱，甚至白茶、黑茶这些小茶种，只有一个品牌都是不可能的。在这种多企业、多品牌竞争的格局下，靠一个品类定位（某种传播说辞）就成了品牌，未免太浪漫了。

靠抢先占位式吆喝是否能建立品牌在品类市场中的

"心智地位"呢？如果还是有牌无品式经营，这样的
"抢先"策略并不会有多大的收效。

2. 什么是有牌无品

把聚光灯集中在前 100 家中等规模茶企身上，就会
发现茶企的品牌意识已经很强了：精心设计的品牌
LOGO、大牌明星做代言人、品牌连锁专卖店等，但消费
的茶客不难发现，去这些茶企门店，在同一品牌之下，
每年的产品都不同，包装也在不断变换，同一价格的茶
品级、品味也不同。

在这种产品状态下，品牌知名度再高，对产品销售
的作用也是有限的。市场还没妨碍企业销售，茶企产品
自身就变成消费者选择的障碍，包括购买过程复杂化：
消费者要通过复杂的现场品尝过程，才能确定究竟买什
么产品。这是目前茶企在销售模式上的普遍问题。

竹叶青茶部分解决了这个问题，用静心、品味、论
道等区隔产品等级，取消了散茶，也成为茶叶品牌专卖
店的通常做法。但还是有其形而无其神：一是茶企普遍

有通过包装（包括内容物，如单包克重、单盒数量等）不断涨价的经营习惯；二是茶企不能坚持在同一包装、同一价格上的产品等级统一，消费者每年都要重新选择或寻找自己喜欢的那个口味的产品。

茶企的产品复杂化，给涨价提供了方便，却将消费者的选择过程复杂化。从营销角度上看，这造成了客户流失，以及客户维持成本的增加。品牌知名度高，产品标准化程度低、产品稳定性低，意味着投资做品牌的营销费用，赚吆喝的成分比赚销量多。

通过"大明星、大广告"的方式，只会赔钱赚面子，在央视亮相的茶叶广告，大都露个脸就收摊：广告拉动不了多少销量。消费者可以受广告（媒体、代言人等）影响优先选择品牌，但消费者掏钱购买的是产品。品牌与产品之间的断层，只会让做品牌变成做知名度，而不是做销量。

品类之路难走，是否采用"使用用途"路线杀出一条血路呢？从现有茶企的实际做法看，多是将目标人群诉求作为提升品牌形象或档次的广告说辞，而不是真正的消费用途的产品诉求战略。

3. 什么是有礼无品

茶叶消费是中国人交际礼品的重要选项，礼品消费是茶叶销售的主要渠道之一，众多小茶行就是靠维护几十个"机构老主顾"获取丰厚利润，但真正成为礼品符号的茶叶产品（及品牌）却一个也没有。

所有的茶企都在做礼盒包装，都在诉求送礼，天福茗茶也好，八马茶叶也好，徽府茶行、国礼茶也好，不是茶企宣称定位是礼品就能变成"礼品符号"的。企业要占住这个定位，不要说能否独霸，即使形成"品牌与品类对位"心智关联，要花多少"心智的成本"？

定位礼品的茶品牌如何从几千上万家宣称做礼品茶的品牌里跳出来？靠明星代言、在央视砸广告可以抢先占位吗？如果产品没有礼品化，仅靠品牌的礼品诉求，一样不会有真正的效果。

能否出现定位礼品的茶叶品牌？

真正的礼品化，即品牌及产品的专业化，意味着一种新商业模式，不是一个广告诉求那么简单，不但需要

"舍弃"很多传统的茶叶产品，而且对茶企的运营能力要求也很高。史玉柱的黄金酒可以定位在送礼产品上，中国还有哪个酒厂可以这样做？

产品及品牌的礼品化，要求品牌及产品与特定的礼品符号之间形成"单一对应"关系，中国礼品的特点是"礼分档次"（等级），送给什么人礼，价值等级是不能乱的，这是中国式礼尚往来的核心与常识。

绝大部分生产商品牌、渠道品牌、产品品牌都不具备这种单一对位性：如果一个品牌符号下涵盖各种价格档次的产品，这个产品显然不具备礼品符号的基本特性，品牌的礼品定位不过是一个提升产品形象的广告说辞，不是"礼品化"的品牌及产品战略定位。

一个资源（茶园基地）不缺、品牌血统（悠久历史）不缺、消费人群及消费习惯不缺，甚至背景不缺（国字号企业）、资本不缺的行业，却没有一家企业做成规模化品牌，缺的一定是市场的关键要素：产品，即企业没有解决产品与消费者的沟通代码问题。

品类、品牌、礼品的交集处是什么？是茶产品本身。

本固才能根深，根深才能叶茂。产品力不再造，茶企的品牌战略就是无本之水，必然行之不远。

五

先做消费品，再做茶文化

刘春雄老师说："越是懂茶文化，无法从茶文化中自拔，越做不好茶业。"

营销人所见略同：**茶文化已经成为中国茶破局的障碍。**

中国茶是否要抛弃茶文化呢？当然不是。需要抛弃的是中国茶企的经营思维与营销方式。因此我提出这个正论式命题：**先做消费品，再做茶文化。**

几乎接触的每一个企业，都会强调所在行业或产品品类的特殊性，但一个完整的咨询项目做下来，就会发现战略、营销、管理的专业的共性因素超过所谓的行业特殊性。越是陷入困境的行业与企业，越是强调所谓的行业特殊性。其实，这些企业人是被行业陋习、失效的行规所同化，失去了创新突破的勇气。这或许是很多行业出现外行挑战老手、新手打败老师傅的根本原因。

为什么在中国营销模式相对成熟的行业，如家电、方便面、啤酒、饮料、IT 数码产品等行业，反而不强调行业的特殊性？

这些行业里的领先者，在高度竞争的环境下胜者为王，深刻领悟到**市场为导向、消费者为核心、紧盯竞争对手的营销"三铁律"**。这种对市场、顾客、渠道、产品等营销要素的成熟管理，都是将营销、市场的一般规律与企业具体状况结合起来。

有一类观点主张所谓的行业营销聚焦行业、深度研究是不错的，片面强调行业营销的特殊性，甚至排斥业外及新营销技术，不但不科学，与主张者自身营销知识的成长路径相悖（从主张行业营销的人的营销知识及经验来源可以看到都是半路出家，如家电出身的做茶、有啤酒经验的做白酒、有快消品经历的做工业品等），而且不少是为了掩盖专业视野的狭隘。如果是企业人这样认为，很遗憾，只能说是坐井观天。

中国茶产业要尽快走出困境，尤其需要避免上述狭隘的视野：将茶文化作为茶营销独特性的论点，与认为存在一种特殊的行业专属营销模式的观点类似，都是以为特殊性可以脱离普遍性而存在的错误思维。

需要提醒中国茶企注意的是，到目前为止连一个真正的全国性茶品牌都没有做出来的行业，有多少先进经验可以学习？缺乏资源与实力做不大，情有可原；有资源、有实力也做不出强势的茶品牌，这不是问题吗？

如果说立顿、星巴克有什么值得中国茶学习的地方，不是惊叹这些品牌的规模（什么7万中国茶企不如一个立顿），而是看到优秀品牌做大的根基：对消费者的深切洞察与尊重，这是品牌营销之本。

任何行业（尤其是消费品），无论行业内认为自己有多独特，多么玄妙精深，多么有文化，如果消费者不认同，这些产品文化有什么意义？

绝大部分自称"独一无二"的产品，不是视野狭隘造成的拙劣撞车，就是稀奇古怪而无人买单。这类产品是什么？乔布斯是这样说的："很多东西都上不了我的购物单。他们太荒唐了。"

产品的第一要点：不荒唐。

记住：没有人会对一个到处都平庸或到处都古怪的

产品产生兴趣，你要想让产品大卖，就要让它长出一副人人熟悉却又个性独具的"Face"（从内到外）。

什么叫不荒唐？

给一句哲学解释：**任何特殊性都是建立在普遍性的基础之上。普遍性越强，特殊性也就越突出。**

这是关键中的关键。

中国茶企、茶商没有不讲茶文化的，讲产品差异化、讲产地特殊性、讲传奇神话的历史故事，结果就是把中国茶变成了小众消费品。

高端茶从来不愁卖，这是中国茶经营者的第一个秘密，也是妨碍茶企用大众消费品思维去运营中端茶的根本原因。

中国茶的顶端（极品与上品）是高端茶，不仅价格居高不下，还得到少数品茶客的拥趸，就像波尔多产区的拉菲、酱香酒产区的茅台。

每一个茶种，都有这种高端茶：好的种植地块（产区）、明前一季（稀少）、好的炒茶师傅（面临断代），天、时、人三种因素决定了高端茶的稀缺性，量少价高是必然的。

茶商、茶企的经营思维被高端茶左右：1 斤高端茶的利润是大路茶的 50～100 倍。也就是说，一个茶商只要每年卖出 100 公斤高端茶，净赚 40 万元以上没有问题，茶商一年净赚 100 万元～200 万元是很轻松的事情。能够如此舒服地活着，何必冒风险去做品牌呢？或者说，品牌无非就是包装做得漂亮点就行了。

小富即安，是中国茶企、茶商的普遍状态。高端茶赚暴利；大路茶赚客户，走现金流；中档茶做礼品，跑量又暴利。这就是茶商赚钱的秘密。某种意义上说，大部分茶商是不希望产品标准化、品牌化、透明化的，浑水好摸鱼。

问题不在于茶商是否活得滋润，而是这种状况是否是一个好的产业生态？能不能可持续地发展？

小富即安的茶商们没有去想这样一种未来：如果高端茶被少数集团垄断，中端茶、大路茶的利润就无法维持茶商的经营，那时就会发生茶流通渠道的洗牌。茶渠道一旦洗牌，茶农即茶种植户必然大量积压亏损，整个茶产业将陷入"死火"状态。

这些年为什么每年都在爆炒"天价茶"？其实是高端茶垄断化的序幕：先是不断抬高高端茶的收购价格，然后是逼迫茶企对优质茶园、炒茶师傅进行垄断，最后就是高端茶产量的集中化。

到了高端茶集中在少数产业集团或外来资本手上的时候，就是前面所说的茶渠道洗牌开始、茶产业巨变的开始。

之所以还没有出现这种兼并与洗牌，是"三股势力"都有产业链短板：大资本还没有与大品牌、大市场实现对接。

就是说，**以大资本现在的营销能力，收购了优质茶园，也缺乏足够的高端茶的销售渠道与客户资源，收了也是浪费资源**，所以优质茶园还处于松散的"客商化"交易阶段：每年随行就市，价高者、先付定金者先得，典型的交易模式。

天价茶的炒作，有人认为打开了中国茶的价格区间，是好事；在这件好事的背后，是茶产业高端垄断化已经张开了资本的血盆大口——对于不愿转型的茶企、茶商来说，恐怕是赚一年少一年。

茶商的赚钱奥秘决定了茶商的经营思维与习性，这个代表中国茶陈旧势力的群体，改变不了中国茶的现状，也不会是中国茶的未来。

中国茶的变局不可避免，突破点将是以中国茶消费者价值与价格区间为切入口，进行中国茶营销的创新。简单地说，**中国茶品牌的破局，乃至行业洗牌，将以价格区间明星品牌群的崛起为标志**。

天价茶是高端茶"躁动"的表现，是一个以中小茶商、茶企发动、最终由资本洗牌的自戕式盲动。就是说，对于中型茶企来说，热衷于天价茶营销，恐怕最后是搬起石头砸了自己的脚。

目前屯兵茶产业的大资本还没有找到做高端茶的路径，但这只是一个时间的问题。

高端茶的垄断化没有多少技术含量，最终的驱动力是：资本整合茶园。茶商、中小茶企、茶农有能力阻挡这种资本的野蛮兼并吗？

现有的高端茶实际上不需要营销，**未来的品牌化的高端茶才需要由大资本介入，采用高端商品的营销方法，建立品牌消费市场，这是中国茶营销的核心课题之一**。

中端茶（含中高端）与大路茶，几乎与分散经营的所有农产品一样，面临着市场波动的巨大风险，也就是这几年各种农产品的价格忽上忽下，一会儿谷贱伤农、一会儿价高伤民。

茶作为非必需消费品，在碰到这样的价格波动时，对于产业上游的伤害将是巨大的。因为下游茶饮用的市场并没有呈现出稳步增长的势头。

得出这个结论用这些指标即可测量：28 岁以下人群茶叶消费的渗透率、消费偏好度与消费频次。根据我这么多年接触的 25 岁以下人群的经验：有饮茶习惯的不到20%，且这种习惯被各种饮料消费分流瓜分。

为什么要用 28 岁以下人群作为中国茶消费的指标？28 岁是建立家庭的主要年龄段，28 岁前是新生代与年轻人群对一个品类的接受度，代表着这个品类的增长潜力。

立顿茶等跨国品牌的营销，大多聚焦在 18～28 岁的大学生与白领上——这是基于人口学的品牌营销之道。

营销的奥秘并不复杂，卖得好与卖不好的原因，都在产品及品牌营销的市场表现之中。

中国茶的核心危机恰恰就在这里：如果只有 20% 的年轻人有饮用偏好，那么这种国饮的未来在哪里？岂不有徒剩虚名之忧？

年龄增长后发生的偏好转移的现象是存在的，这种偏好转移部分是由于"茶礼消费"的带动，即随着年轻人社会关系网的形成，茶是送礼、社交的道具之一，带动了部分高年龄段消费者的饮茶偏好。

这部分人群中国茶消费的主要替代品威胁是咖啡，尤其是以星巴克为代表的咖啡连锁店。农药残留、重金属超标等茶叶问题，对这部分消费者的购买及饮用行为会产生更大的影响——这是中国茶需要注意的重要问题。

中端茶、大路茶显然最需要营销的刺激：培养中国本土年轻消费群及中年消费群的茶饮习惯，在这种消费习惯中建立品牌。

中国茶企现在高谈的茶文化，离上述人群的"习惯性消费"太远了。事实是，在立顿、星巴克等的营销攻势面前，**中国茶基本将年轻大众的消费市场拱手相让。**

中国茶的营销，要从哪里破题？什么才是真正的中国茶营销？

聚焦消费者的消费行为，包括消费行为背后的消费心理（品类认知、心智空间），这才是中国茶营销的真正破题。不对此有研究、洞察、判断，在此基础上制定营销战略，重组企业的产品、渠道、生产、管理，进行战略资源、战略配置、战术手段的组合，就谈不上真正的茶品牌战略。

现在这样做的茶企有几家？竹叶青了解自己茶的消费者吗？大益普洱、安溪铁观音集团、黄山毛峰集团、中茶、信阳毛尖、都匀毛尖等，谁去做了自己茶的消费者研究与洞察？

忙着噱头炒作，或者开个网店、用微博做茶直销等新渠道、新传播，**不从根本上改变这些小打小闹的销售思维，绝不能实现茶企品牌"做大做强"的目标。**

有人说中国茶太复杂，比如绿茶品类太多，做不出大品牌。

这是一种谬论。**中国茶的真正未来是：任何一个茶种，只要按照先做消费品，再做茶文化的思维，都会产生年销售额 10 亿元规模的茶品牌。对于个别大茶种（如西湖龙井、黄山毛峰、信阳毛尖、都匀毛尖、祁门红茶等），出现年销售额 20 亿元以上的全国性大品牌，并不是天方夜谭。**

还有一种论点：绿茶复杂，都是因为在竖着做产品，红茶是可以横着做产品的品类，容易产生大品牌——立顿就是横着做产品的典范。

事实呢？横着做红茶的高端红岁还没卖起来，祁红、滇红、川红、信阳红、都匀红、宁红、荔枝红、蜜香红、宜红、湖红、功夫红、金骏眉、银骏眉、正山小种等已经"千帆竞发"，宛若"渔阳鼙鼓动地来"，红茶将重演绿茶地方化、品类化、复杂化的道路，所谓"红茶容易标准化"的梦中旋律还没唱完，就已"惊破霓裳羽衣曲"。

为什么会这样呢？为什么中国茶就不能像立顿那样简单呢？问这种问题才是问题！

不接受中国茶的多样性，等于想抓住自己的头发离开地球。用立顿茶的经验来为中国茶营销出谋划策，等于问道于盲。

恐惧中国茶的多样性，要用营销"削平"中国茶的丰富性，这是一种怎样荒唐的削足适履思维！没有茶产区文化底蕴（至少可以想想波尔多吧）、规模化农场经济思维下成长的人，在对多样性恐惧与削平的思维下为中国茶营销出谋划策，恐怕反而成为阻碍中国茶营销的新问题：阻碍中国茶做强做大的原因是品类多样化吗？

中国茶营销，不能妄想去改变中国茶与生俱来的多样性、丰富性，而是要研究如何将这种多样性与消费者的饮茶习惯相结合，寻找"最大公约数产品"，即通过商业模式、产品模式的创新，培育中国茶的消费群，这才是中国茶营销的出发点。

中国茶被悠久的茶文化一叶障目，看不到或者根本都没有去与各年龄段消费者的沟通，这就是中国茶的根本问题所在。中国茶营销，连这个营销最基本的要素都不"首先解决"，谈什么战略、模式、品牌、文化，岂不是无本之水？

把茶当作消费品去做，这是中国茶营销的当务之急。

每一个茶品类里的企业，如果要创立优秀领先的茶品牌，都必须先从做消费品开始，首先按照消费品的一般规律，踏实地研究消费者、研究消费者的口感特性、研究消费者的消费顾虑、研究消费产品的最佳形态，此后的市场运作、传播推广、区域扩张等就顺理成章，可以形成快速的模式复制的爆炸性增长之势，即我们所说的**"滚雪球式战略增长"**。

先做消费品，再做茶文化，是中国茶品牌崛起的必由之路。

想通这个关系，茶企或许可以少走点冤枉路、少花点冤枉钱，快一点做成全国性的强势品牌。我不相信咖啡、立顿茶可以营销到中国各地区，让中国消费者养成消费习惯，中国茶反而不能。

事实上，**中国茶的消费习惯，根本不需要像咖啡与立顿茶那样煞费苦心地培育，需要的是唤醒与激活：用茶消费让茶文化新生与延续！**

六

中国茶应该向谁学营销

学习是好事，乱学、学不得法，学到了方法论毒药或邯郸学步，恐怕还不如不学。

中国老板是最勤奋、最好学的一个群体，中国茶人（茶老板、茶管理者）可能是这个群体最喜学习、谈文化的老板。

但中国茶营销可能是被误导最多的行业之一，市面上谈茶道、茶文化的书可谓汗牛充栋，真正系统谈茶营销的书寥若晨星。

谈论茶营销的文章不少，大多不成系统、东鳞西爪，这类文章的最大问题是：由于没有"逻辑一贯"地深入研究与思考，那些看似灵光一闪的观点，实际上很难用于实践。少数几本茶营销著作，不仅缺乏大品牌的运作实践，也缺少对茶行业及茶企经营模式的系统思考，内容多是零散文章的集合。土豆装到麻袋里还是土豆，不会变成土豆泥或土豆烧牛肉。

中国茶营销研究的知识现状，并不能给中国茶企突破现状以有效的智力支援。

中国茶营销没有多少先进的行业内"最佳案例"可以学习。与所有类似阶段的行业一样，必须借他山之石，做自己文章。

企业学习与个体学习的目的不同，企业学习不是简单的知识积累，而是要从知识的学习中获取能量——智慧的能量。

有人说要向立顿、星巴克、中国白酒、中式快餐学等，但是学什么？如何将这些成功企业的营销之法熔铸在中国茶的营销之道里？

我们推荐中国茶营销应该学习的具体对象与内容，给中国茶企提供一个向高手学习、自证自悟、获取能量的阶梯。

1. 中国茶营销学习"四前提"

中国茶行业还没有真正的"最佳实践"，即学习标杆。中国茶营销属于中国创造范畴的创新。学习之后是整合创新，不是简单的拿来主义。这是茶营销学习者必须明确的第一个出发点。

中国茶营销的问题是先解决消费品化，再树立茶文化的个性。提出这个命题是有"历史阶段性"的——中国茶当前的核心问题是消费者尤其是年轻群体的茶饮习惯问题。解决这样的问题，过分沉溺于独特的茶文化，只会自缚手脚，变成小众消费品。学习成功品牌启动消费者的营销方法，是茶企学习的第二个关注问题。

需要优先学习的是快速规模化方法。中国茶营销的学习必须立足上述认识，通过学习成功者的营销之道，参悟中国茶营销的做大做强之路，学习的对象本身必须是实现了规模化的成功品牌，而不能把一些没有规模化的零星的创新试验当作学习对象。这是茶企学习需要注意的第三个问题。

学习的目的在于应用。中国茶需要在学习过程中，将高手们的营销之道熔铸到中国茶营销的价值链里，为创新、构建中国茶营销的独特体系打下坚实地基。这是茶企学习的第四个要点。

将上述四个要点贯穿在茶营销的学习中，就能汲取高手之精华，涵养自己之灵气。

2. 中国茶营销有"三不要"

（1）不要在传统经验（即茶文化）里打转。

这个阶段中国茶品牌要崛起，必须先解决消费共性问题，独特的茶文化令茶企一叶障目。详见《中国茶营销4：先做消费品，再做茶文化》，此处不再详述。

（2）不要被自己的经营经验局限了眼界。

经验是重要的，尤其是茶叶种植、茶叶炒制、茶品饮、茶道、茶器、茶历史等经验，都需要长期熏染体悟，这些茶文化的经验值是宝贵的。但市场、消费者、品牌，这些都是传统茶企没有太多涉足与研究的新课题。

在时代变化、企业目标变化的前提下，传统茶商、茶企的经营手法、销售模式、营销手段，包括市场思维、企业资源投入方向思维等，都需要调整。如果执着过去的经营经验，那只能是原来道路的重复，不会有突破性创新。

（3）不要因为对立顿的羡慕、嫉妒乱了阵脚。

中国茶绕不过去的对手是立顿，无论怎样将立顿茶从中国茶品类里剔除，也不能忽视立顿茶在与中国茶争夺同一群消费者（尤其是年轻的白领）的事实。

立顿在中国的成功不是因为茶，而是因为一种类冲调的饮料。

立顿中国区有两个特点：立顿茶的消费场所及人群，主要是商务办公室及白领女性；立顿在中国以现代渠道（KA＋CVS）为主。

这种现象说明了什么？可以有两个推断：其一，以立顿全球销售额28亿美金的情况推算，立顿中国市场的销售额不会是天文数字；其二，立顿茶对于"中国茶"这个品类消费的市场及核心人群基本上没有影响。

立顿茶这类跨国品牌，非常懂得从萌芽期培育消费者。所谓的萌芽期就是从大学开始到进入社会成家前年龄段的消费习惯与品牌偏好，大致是18～28岁的目标人群。宝洁、联合利华等消费品主要品牌，都是围绕这一人群在做营销，这是成熟品牌"断根式"营销的厉害之处。

中国的企业习惯"圈地"（渠道为王），跨国企业不仅圈地，还投入资源"圈人"，这是中国营销与跨国营销最大的不同。过去渠道驱动有历史合理性，只会渠道驱动就会不合时宜，中国茶营销必须用"圈地"与"圈人"两手，才能制胜市场。

对于立顿，要知其长，也要知其短，完全没有必要在28亿美金的巨量面前被吓破了胆。

我认为眼光长远一些，让中国茶企在消费品营销的"正道"上，以未来50年为期，先在中国市场，后在全球市场冲洗茶饮消费习惯，颠覆立顿茶的"假茶性"，不是什么不可能的事情。

3. 中国茶向谁学习、学什么

中国茶要"三学习"。向三个行业的顶尖品牌（TOP5）学习成功经验：向咖啡行业学习商业模式，向

白酒行业学习营销模式，向洋酒行业学习消费模式。

学立顿的产品标准化、学星巴克的生活方式营销、学白酒的主副品牌与渠道战、学奢侈品的高端化技巧、学 Nespresso 的茶具创新、学竹叶青的高端茶运作、学一茶一座的品饮创新等，这些都是术。东鳞西爪的学习、山寨，只能有短期的效果，不会产生持续的变化。

中国茶营销需要从"层部设计"到"落地执行"的完整营销模式与方法论，包括商业模式、企业模式的创新，核心是解决三个战略模式的问题：商业模式、营销模式（特指中国市场）、消费模式。

（1）向咖啡行业学商业模式。

咖啡是与茶最相近的物种，中国茶要向咖啡学习的是优秀企业如何通过商业模式的创新，让咖啡成为生活必需品。

咖啡有以下七种品饮与售卖形态：

散货贸易：与中国茶的大宗贸易一样。

研磨咖啡：产地咖啡豆、研磨机、蒸馏器、咖啡杯等，与中国茶道类似。

速溶咖啡：以雀巢、麦氏为代表的大众化速溶咖啡。

优质原液：以 Nespresso 为代表的胶囊原汁稀释品饮

方式。

咖啡饮品：各种咖啡即饮饮料，罐装、玻璃瓶装、PVC 速溶杯装、PET 瓶装等。

咖啡连锁：以星巴克、Costa 等为代表。

配餐饮品：以麦当劳、肯德基的咖啡饮品为代表。

上述七种方式里，除了原豆研磨之外，每一种都有巨型品牌。这也就是说，**只要解决了产品标准售卖的问题，最后的结局就一定是大者为王。**

用咖啡的消费形态审视中国茶，除了各茶种里的高端茶会形成不可归类的原生性消费品牌，其他类型的茶商业模式里都会诞生巨型品牌。只是中国茶的品牌将首先被品类分割，而不是用一个品牌去统合不同品类。

咖啡商业模式显示了咖啡消费的多元化、高渗透性、日常化的特点，咖啡与消费者的关联是极其紧密的。西方电影里，咖啡馆是爱情、谈话的主要场所，咖啡是所有办公室、家庭待客、自饮的主要饮品。反观一下中国茶，会发现与中国消费者的日常生活联系得过于松散。

什么叫品类消费文化？咖啡就是典型的品类消费文化，中国茶就不是。这就是问题。

解决这个问题，并不需要等待大环境的变化，每一个中国茶企都可以用营销行为去营造这种消费文化的氛围，这正是"植入"品牌的良机。

着手之点，可以从中国茶企商业模式的创新开始。

（2）向白酒行业学习营销模式。

中国茶与中国白酒的相似性更高：都是与属地相关的农作物深加工产品，地利决定了高端产品的基本价值。同时，大众化的产品又可以不受产区的限制，如中国白酒80%以上的大众酒是食用酒精勾兑而成（食用酒精包括玉米酒精与纯粮酒精）。大部分人喝白酒其实是"吃玉米"。

中国白酒有所谓的三个世界：一线名酒（茅五剑、川黔名酒带、老八大）、二线名酒（苏皖鲁鄂的区域名酒）、地方酒企（地方小酒厂）。

白酒的产业生态形成了香型、产地、创新等相互融合的复杂的生态格局：大品牌高位放量，如茅五剑变成了洋茅五，对传统名酒企业刺激极大，年销售额百亿才能进第一集团军，年销售额50亿元以上随手抓；中型企业快速崛起，跨过10亿元门槛的中型企业迅速向50亿元增长，如古井贡、枝江、口子窖、迎驾等；地方酒企过得也很滋润，整合浪潮并没有将其淹没。

不可否认，推动中国白酒在 21 世纪前 10 年里持续增长的关键因素，是酒企营销意识的普遍觉醒。白酒崛起的中国式营销，有哪些值得中国茶学习的呢？主要是以下四点：

战略导向的企业发展规划：两大新锐品牌洋河蓝色经典与红花郎，分别在浓香创新与传统酱香酒里，快速找到了品牌利基。

价格区间的核心产品定位：通过特定价格区间切入目标消费者，是蓝色经典、红花郎及各种成功白酒产品的核心法宝，坚持成为某一价位区间的代表性产品，是白酒明星产品塑造的秘诀之一。

全国化路径的选择：全国化路径并非一种，如洋河采用的是厂方深度协销的所谓"1＋1"联销体，郎酒采用的是多品种、多事业部制的大经销商模式，说明全国化模式并没有一个统一的模式。在模式的背后，是对企业资源配置的因地制宜，这一点需要中国茶高度重视。

品牌聚焦化：每个白酒品牌都与一款核心产品挂接，品牌形象与产品形象均长期保持一致（有微调），这种传播上的品牌简单化，并没有妨碍企业产品的多样化。这对中国茶营销有重要的研究价值，纯而又纯（所谓一个品类、一个品牌、一个产品）的品牌定位思想，并不适合中国市场。

要警惕向白酒行业的胡乱学习，如所谓二线名酒崛起采用的主副品牌（副品牌激活主品牌）策略、大广告（央视）策略、盘中盘渠道模式等，这些都不是中国茶营销可以采用的，需要茶企认真辨析。否则学习白酒行业也会变成学习陷阱。

（3）向洋酒行业学消费模式。

这里主要指洋酒在中国市场的营销手法。中国人喜欢喝洋酒吗？除了高档宴席饮用干邑等以外，中国人在餐桌上是很少饮用洋酒的（广东、温州等地比其他地区稍好一些）。在中国卖洋酒，就好像卖鞋的跑到了光脚岛上。

洋酒在中国市场的增长速度也是惊人的，一点不比白酒的增速慢，为什么？这就是我们建议中国茶要研究洋酒消费模式的原因：如何让没有消费习惯的人也产生消费？

洋酒在中国市场的营销路径有以下要点：

聚焦酒吧等夜场： 中国的夜场已经基本被各大洋酒（或洋酒经销商）完成了"包场"，出二三百万给一个夜店做包场费是很平常的事。

开发女性洋酒饮用者：这是借鸡生蛋的营销手法，女性是"半边天"、消费活跃因子与重要影响力量，什么产品能够启动女性消费，基本上就成功了一大半。

与时尚奢侈品联合营销：洋酒是西方奢侈品产业链的组成品类之一。

注重电影营销：西方电影里大量的洋酒饮用场景，其实很多是植入广告。

品饮方式多样化：洋酒的最大吸引力就是调酒，血腥玛丽让 Abuslut、Chivas 的怪味也能被当作饮料喝下去。大众洋酒不追求干邑、拉菲的品饮讲究，而是能被消费者喝下去就好，中国茶需要深入挖掘品饮多样化中蕴藏的商机。

好学的中国茶人，可以先学习、吸收上述三个品类优秀品牌的成功营销经验，系统思考本企业的营销问题，不要东鳞西爪、一知半解地乱学。

学习要讲方法，会学者才能学出门道。学其法，悟其道，千万不要简单地拿来主义。

茶人们自修自证自悟，不仅是学习得法、效率提高，从成功的高手处获得能量，如果悟性够高，或许还可以为企业省下培训、咨询的外脑费用。但不要不懂装懂，这是学习的底线。

营销学习，不是学习死知识，而是要吸取成功者的经验能量，为己所用。

善于学习，才能少犯错误、少走弯路。

美酒加咖啡，好茶酿一杯。

七

茶企营销组织的顶层设计

从运营角度看，**企业战略的问题就是老板的问题，营销的短板就是组织的缺陷**，而组织的问题根本还是老板，人力资源、管理、供应链等还在其次。

跳出老板与组织之间纠结的怪圈，要么是老板本人的思维转变；要么是对企业进行顶层设计，即从组织架构与功能上建立老板与组织结构之间的互动关系，包括权力、职责、功能、资源、绩效、考评的界定与流程。简单地说，老板交出凡事"一言堂"的权力，将部分权力下放给组织。

这个组织的建立原则就是组建一家**"卓越的消费品公司"**，这是茶企做大规模的唯一道路，不是一个自我欣赏的特色茶公司（顺便说一句，这种特色茶公司的未来，要么自我解体，要么被实现规模化的茶消费品公司收购），这就是茶企顶层设计的"屋顶"（原则）。

茶企营销组织（甚至整个企业组织）的重心，必须放在产品上，即建立以产品为运营核心的公司。

已经成功实践这一原则的是乔布斯领导的苹果。**"一切从伟大产品开始。"**这是乔布斯的原话。我认为这一原则尤其适用于中国茶企。

改变以收茶、销售为导向的中国茶企组织导向，变为以产品为核心的组织，不仅是中国茶企的组织创新，还将为中国企业组织进化的过程贡献行业最佳实践经验。

建立以产品为核心的组织，意味着公司以每一个产品的 ROI（投入产出比）、市场表现为纲，串联起公司上下游价值链各管理环节：茶园、收茶、制茶、包装、销售、品牌、传播、茶艺、客户数据库等。

这是茶企顶层设计的"大梁"。

我们建议茶企按照七大功能逐步建立完善的茶营销组织：**产品管理部、品牌传播部、渠道拓展部、电子商务部、调研客服部、系统管理部、茶艺培训部。**

各位可能注意到上述七大功能不是按照传统企业的

销售部、市场部、营业部、人力资源部等方式设计的。

我们认为，在面向未来与实效的营销运营角度看，茶企没有必要沿袭传统营销分离的组织架构设置，而要突出营销的专业功能，将综合性的大部门制变为专业的小部门制，减少组织内部的沟通层级，让各部门能够按照各自专业与功能的定位自主发展，形成百舟竞发的局面。

这是茶企顶层设计的"门窗墙面"。

产品管理部：

核心工作：负责全部产品线的优化、整合、策划、规划。

考核标准：每一个产品的ROI、市场表现（销售成长性、客户满意度、渠道满意度等）。

什么是产品的ROI？

据我所知，绝大多数企业没有将ROI分解到每一个产品上，原因很简单，这些企业都有大量的无效或低效产品，却舍不得放弃。这就是卓越公司与平庸公司的区别。先知道要干什么、目的是什么，然后再建立流程。产品管理不是跟在销售后面的统计分析员，而是公司真正的战略参谋部与作战指挥部。

品牌传播部:

核心工作:管理品牌架构、品牌 UI 系统、品牌传播内容及媒介。

考核标准:品牌知名度与认可度。

产品与品牌哪个重要,不少企业为此纠结,产品经理与品牌经理想必也会争夺组织资源。解决这个问题,需要公司决策层对产品与品牌的关系、现阶段茶企营销的重心有清晰的认识。

以产品为核心绝不是不重视品牌,苹果的品牌设计、管理难道差吗?但以产品为核心意味着品牌部门要围绕公司的产品整合做品牌管理。具体来说主要有以下内容:

1)对品牌名称及其核心识别进行管理,包括品牌架构的战略决策。

2)对品牌 VI 识别及实际应用执行进行管理。

3)制作本品牌的茶文化传播内容,如新闻稿、软文、设计等各种宣传材料。

4)对媒介投放及执行进行管理。

要特别提醒的是,品牌部的工作本质上是先做减法,即制止一切不符合品牌识别及应用规范的设计、宣传物等，务必保持品牌形象的清晰如一。

这个工作看似简单，但比想象的要困难。**无数公司的品牌管理，包括设计师都喜欢随意做加法，改变品牌 LOGO 的基本设计（比例、颜色、构图、字体等），最后让品牌形象无法统一。**

渠道拓展部：

核心工作：横向与纵向的渠道开发、管理、动销、维护。

考核标准：市场覆盖度、渠道类型覆盖率、终端网点数、客户费效比。

渠道拓展部是销售、招商、商务、管理的综合性部门，核心工作是客户开发、网点拓展、动销执行。

当前茶企销售的核心就是渠道拓展，分销商、终端网点数量、活跃网点数量的增加。

电子商务部：

核心工作：网上直销、网店管理、企业微博管理。

考核标准：网销金额、常客户数（二次购买客户）、粉丝数。

目前茶企的电商等于将专卖店的产品全部或部分搬

到网上，这样的做法效果不会太好。茶企电商不要自己把自己搞复杂了，不要被综合性电商营销的那些复杂的数据、推荐引擎等搞得云山雾罩。

如果茶企不想外聘专业机构要自学成才，建议先学习借鉴两个成功电商的运作经验：向苹果学习线上与线下渠道的价格管理；向小米手机学习电商产品大卖的技巧（或者说电商成功的逻辑）。

调研客服部：

核心工作：消费者调研、渠道调研、分销商调研、竞品调研、客户投诉与售后服务。

考核标准：产品满意度调研数据、产品问题调研分析、竞品优势分析、客户投诉解决。

很少有营销部门将调研部与客服部合为一个部门的。其实调研与客服是企业接触外部信息的两种方式，一种是实地访谈，一种是电话或接待客户来访、来电、投诉等。本质上，这两个功能都是企业了解客户满意度、需求的探针。

合为一个部门，有利于通过实地与在线相结合的方式快速处理投诉，或采用O2O（线上到线下）的方式实现客户调研。

系统管理部：

核心工作：建立内部 OA 或社交化知识系统，建立外部客户数据库。

考核标准：知识与客户数据库的建立、完善。

茶企营销实际上有两大核心资源：一是本品牌、产品的各种知识；二是客户，尤其是直销客户的资源。

茶叶是非常适合电商销售的品类，保持与常顾客的沟通，是茶企"隐蔽销量"的重要来源。建立一个 CRM（客户管理关系）数据库及定期沟通系统，是一项战略性投资，也是可以衡量效果的营销举措。

茶艺培训部：

核心工作：茶艺演示、茶道讲解、品牌文化宣传、专卖店及网销员培训。

考核标准：茶艺粉丝数、茶艺好评度、培训人次及评价。

茶艺培训本是内部人员的一项技能，我们建议将茶艺培训部变成一个内外兼顾的独立部门。茶艺包含茶具、茶道、品饮方式等丰富内容，是茶文化的魅力所在，也是品牌培养粉丝、保持客户接触，甚至具备销售功能的部门。

茶艺培训部可以独立运营茶艺演示、品茶互动社区（微博、网站论坛等），并可以外购部分精致茶器、茶具进行直销（需品牌部审核）。

以上七个部门都具备管理与销售（或客户沟通）的职能，这就是我们设置这种全方位接触客户的营销架构的重点所在。

企业的管理核心不是内部人员，而是内部人员与外部客户的关系，这是本顶层设计的核心管理思想。让全部的营销职能部门都独立地担负客户开发、客户沟通、客户销售、客户服务的功能，同时又在产品与品牌的双重约束下，维持整体的和谐运作。

未来的企业是一个没有围墙的公司，**让客户与责任感管理员工，比依靠权力与监督管理员工更加有趣、有效、有活力。**

中国茶本身是一个浸润历史与文化的产品，**愉悦是茶文化的核心，让每一个员工都在与客户的交融中体验愉悦与成就感，是茶企最有效的组织驱动力。**

这是一个生生不息、魅力四射、臻于卓越的中国茶企的顶层设计。解决了组织问题，茶企的新生之路才会更有保障。

八

日本与英国的茶文化考察

谈中国茶，没有不讲茶文化的。但且慢，中国茶文化究竟是什么？中国茶文化这个名词（或心智认知）之下，有共同的指称对象吗？混乱源头往往就隐藏在最熟悉的名词之下，**中国茶的消费零散问题其实正是中国茶文化"所指"混乱的一个结果。**

茶文化这个词，在中国茶语境里的"所指"并无统一认识：有人说是茶的种植历史，有人说是某某茶的昔日荣耀（如皇家贡品之类），有人说是文人雅集题词，还有人说茶禅一味，甚至将茶文化等同于茶艺表演——这些互相冲突的认知能赋予中国茶文化什么印象呢？没有人能说得清中国茶文化究竟是什么。

从全球范围看，将茶作为一种生活方式的国家，主要是日本、英国代表的日本茶、立顿茶对中国茶的影响与压力较大，藏茶、马奶茶、印度茶、锡兰茶等影响较小，暂不列入考察对象。我们用日本茶与立顿茶作为参照系，来看看三种茶的茶文化之魂究竟是什么？

日本茶道的核心是：和静清寂。在日本茶中，这个定义无论对什么身份的人——武士、文人、政客、军人、平民等，正宗日本茶就是要按照这个标准去喝。

很多评论者关注和静清寂的仪式、流程、场所，却没有从社会学或消费社会学角度去思考和静清寂究竟代表了什么。

考察日本茶的理论与消费实际情况，我们可以总结日式茶道有如下特点：

1）和静清寂是日本茶道的精髓，得到全社会阶层的一致认可。也就是说，尽管茶道的仪轨、道场、茶品会产生"等级"差别，但恰是这种和静清寂的精髓，成为日式茶道的体验过程，可以超越所有社会等级的共通感悟。

2）和静清寂代表的共通性茶道是一种什么样的感悟呢？是日本人传统的浮世与天国（净土）的二元世界观、

人生观，和静清寂是将人从浮世中短暂抽离，进入净土时空的道场——**抽离浮世的清寂体验，是日本茶道共通的人性基础，是日本茶道的核心，也是日式茶文化的灵魂。**

3）由于茶道被赋予上述抽离浮世的精神价值，**日本茶走上了形式化（仪式化）的道路，即不再重视所喝之茶（尽管仍然是等级的重要体现），而关注喝茶的过程、环境、道具等外在因素。**日本茶道的目的不是品茶，也不是社交交流的饮品，而是自我的一次休憩与反观。用一句文艺点的话表达：是从浮世人生的一次短暂出神，一段摆脱浮世俗事烦扰的玄想或冥观。

4）**日式茶道融入了禅宗"不落言诠"的内涵，体验日式茶道的过程中是基本噤声的，一切仪轨、礼节都要在动作流程中体现。**这种噤声喝茶的仪式，让参与者必须在茶道的过程中全神贯注，茶道演示过程中"走神"是一种非常失礼、粗鲁的表现。茶禅一味这个概念，在日式茶道更受推崇。

5）日本人并非只用这一种方式喝茶，其日常饮用茶并没有这么复杂的仪轨。**在日本人日常饮用茶的场合（家庭、办公场所等），虽然没有和静清寂，但可以发现**

和静清寂精神的"副产品"——敬畏之心。喝茶，在日本人的生活里显然不是一件特别随意的事情，无论是表示对客人的尊敬，或是个人获得某种体验，都显示出和静清寂精神对日本人日常茶消费的影响。

6）日式茶道的最后一个特点是女性化，甚至茶道是日本女人具备上流社会修养的表征。一个茶道技巧精湛的妻子，是日本上流社会男性的脸面。上流社会的推崇，让日式茶道成为日本女人的显学、必修课或回归传统的符号。

7）随着女性职业与财务自由的兴起，日本女人将英式下午茶改造为日式下午茶，成为女性闺蜜闲聊的一种新的生活方式，改造了日式茶道过于严肃的特性，但比之英式下午茶更清净一些。

上述七个特点，传递了日本茶文化与诸种消费形态的轮廓，我们可以清晰地看到**和静清寂的日式茶文化精神，是贯穿在日本饮茶生活的各种形态之中的。这种一以贯之的茶道精髓，不是天神、历史、宗教，而是一种人生感叹：浮世人生的短暂休憩。**

日本人对茶的态度因此具有了高度统一的认知，这是日式茶文化的精髓。

周作人说："茶道的意思，用平凡的话来说，可以称为忙里偷闲、苦中作乐，在不完全现实中享受一点美与和谐，在刹那间体会永久。"他描述得很精妙，可惜混淆了所谈的对象：他将自己对日本茶道的感受当成了中国茶道。

立顿茶代表了什么？

了解茶叶史就知道，茶叶是早期东西方贸易的大宗商品，与丝绸、瓷器等一样，是西方上流社会才能享用的来自东方的奢侈商品。

1）立顿茶诞生于 1890 年，是西方工业革命之后，商人及中产阶层逐步兴起之时（即茨威格在《停滞的世界》里所描述的第一次世界大战之前的欧洲繁荣阶段）。

2）立顿茶早期是店铺式散茶经营，靠的是从锡兰（印度、斯里兰卡）贩卖大宗茶叶的成本优势，将昔日王谢堂前燕的茶叶，飞入寻常百姓家。"从茶园直接进入茶壶的好茶"（Direct from tea garden to the tea pot），早期立顿茶的诉求是现在时髦的"田间到餐桌"的全产业链式好产品。这一招，对于渴望向上流社会看齐的中产阶级来说，显然有大的吸引力。

3）立顿茶崛起的土壤是英国上流社会作为奢侈品的

下午茶（Low Tea，标准是下午 4 点钟）习惯，立顿茶是英国贵族下午茶的颠覆者，让下午茶可以成为英国全民（或体面人）的日常消费品，Teatime（饮茶时间）甚至成为英式典雅生活方式的象征。一首英国民谣这样唱道："当时钟敲响四下，世上的一切瞬间为茶而停。"

4）英式下午茶喝的是一种花式红茶，即用多种饮料（牛奶、巧克力）、香味料（香草、薄荷、桂花、菊花）、水果（柠檬、苹果、柑橘）调配混搭的红茶，奶茶只是花式红茶里最常用的一种。这是 1972 年联合利华收购立顿后，在小包装产品上的各式产品创新，都是以这个花式红茶"消费实态"为"底本"的——立顿茶的多品种创新并非产品经理的凭空想象，而是根植于西方 300 年的下午茶的口感习惯。

5）今天我们认知的立顿，已经不再是 100 多年前创始时期的立顿，而是联合利华改造后的大众化的立顿。这个立顿不再是早期的原泡"茶叶"，而是一种食品化工的合成产品，这是立顿茶可以始终保持成本与售价稳定的根本原因——立顿会像可口可乐一样保护其"绝密配方"。

立顿茶代表什么文化？

从立顿茶的诞生源考察，**立顿茶植根于具有 300 年历史的英式下午茶生活方式，代表的是一种社交化的休闲饮品。**

立顿茶显然没有和静清寂这样的神秘玄想，也没有中国茶的复杂细腻，**立顿茶就是一杯随心调配的混合饮料。**

说起立顿茶，想到的都是轻松休闲的时刻、丰富香甜的口感、精美的点心茶具。立顿茶的品牌精神非常准确地捕捉了英式下午茶的精髓：轻松的朋友闲聊，略带私密的社交空间。

立顿茶是一种大众化的社交茶。立顿茶文化的要点不是茶本身，而是社交带来的私密亲和的感觉。这是立顿品牌的核心，立顿茶文化的灵魂。

日本茶、立顿茶都植根于本国的生活方式之中，这种生活方式没有因为时代的变迁而消失，日本茶甚至将其复杂的茶道作为"传统"刻意保留。

日本茶道难以延伸到日本以外，遭遇了明显的文化排斥，并没有像日式寿司、烧烤、空手道等一样得到普遍认同，说明日本茶道里的文化精神、仪式化并不能得到广泛的认同。

立顿茶看似风光，是否就意味着全面胜利呢？以中国为例，冷静解析立顿茶在中国的消费状态。

立顿茶的营销除了茶品丰富化、混搭化外，还有以下五个特点：

1）以现代渠道（KA + CVS）为主。

2）立顿茶的消费场所随着跨国公司及商务交往进入中国人的消费及生活。

3）第一驱动人群是跨国公司的本土白领女性。

4）树立代表体面职业及生活方式的形象。

5）立顿甚至并未刻意渲染其英式下午茶文化（避免引起文化排斥的公关策略）。

立顿在中国的营销是成功的吗？以一个低值消费品来说，**立顿茶首先树立的是一种高品牌形象、低产品价格的"超值"路线，仅这一个战略定位就足以让消费者的首次尝试购买障碍消失于无形。**

立顿茶在中国市场的重复购买、消费偏好、习惯消费是否形成了呢？尽管经过了10多年持续的终端促销、消费者教育、产品多样化等，以我们的经验观察所及，**对立顿茶，大多数人仍然是被动消费的**，如作为商务办公用茶，简单、低成本又不失礼节。真正主动惯性消费立顿茶的，除了 OL（Office Lady），并没有多少人，在家里接待客人也用立顿茶的很少见。

我们要佩服立顿茶的营销与战略坚持，同时又不要过于夸大立顿茶的影响力，事实是：**中国人的饮茶消费习惯并没有被立顿茶所改变。更准确点说，立顿茶对于"中国茶"这个品类消费的市场及核心人群基本上没有影响。**

把立顿茶当作中国茶的楷模或"狼来了"的代表，只能反映对"中国茶"这个独特品类及消费市场缺乏足够的认识。

立顿在中国的成功不是因为茶，而是因为它是一种冲调性的饮料。用立顿茶的商业模式及市场策略来思考中国茶，就像用果汁饮料模式及策略来"套"中国茶一样，无异于缘木求鱼。中国茶叶消费与茶饮料、冲调性茶饮料的消费属性是截然不同的。

立顿的哪些成功经验可以借鉴？

明白立顿只是茶企业（茶产品形态及品牌）发展的一种商业模式，仅仅是多种商业模式或发展模式中的一种。借鉴立顿茶的商业模式，中国茶可以出现一种"类立顿"的茶叶品牌，但只是中国茶可以选择突围的商业模式之一，仅仅是其中一种。

除非茶企认为自己的商业模式、产品模式与立顿一模一样，否则不要拿立顿茶来说事，这样只会把自己搞糊涂。龙润、一茶一座都借鉴立顿模式，投放了便携式茶包产品，但无法在现代零售渠道里实现销售而被迫下架，龙润普洱茶的"办公室直配"模式也没有实现稳定的重复销量。

没有植根在消费者生活习惯、生活方式的产品营销，无异于逆水行舟。如果新的生活方式缺乏足够的吸引力（如立顿品牌诉求的体面职业、时尚的工作及生活方式等），产品想大卖，也是竹篮打水一场空。

日本茶、立顿茶在其诞生的母国都具备了文化之魂。这两个品类（或品牌）都是从本民族的生活方式、文化精神的土壤里生长而出，是有强韧之根的。

中国茶需要认清、尊重日本茶、立顿茶的茶文化，却未必要接受，更不要畏惧（羡慕嫉妒恨）或东施效颦。

九

中国茶文化之魂

中国茶文化之魂是什么？先看看中国茶是如何被当代人消费的？

中国六大茶种都植根于产地的生活习惯，茶也是中国古代的大宗贸易品。"神农尝百草中毒，遇茶而解之"的茶起源传说，包括饮茶治病防病的说法，既是中医药食同源思想的体现，也反映了古代茶是一种高档（即使不是奢侈）消费品的真实状况。

从《茶经》开始，文人茶开始大量出现在唐宋之后的中国。此前的文人雅集多是引以为流觞曲水、煮酒论英雄（三国魏晋南北朝），唐代白居易给我们留下了一个"商人重利轻离别，前月浮梁买茶去"的茶商身影，透露出茶商的活跃与富有。清代山西票号积累金融资本的重要货物就是茶叶，西南茶马古道更是绵延数百年。

茶园、茶商、茶市、茶贸易，都在显示近代之前的中国茶，并没有完全飞入寻常百姓家，是一个奢侈品。我们回想 20 世纪 80 年代之前的中国，也会惊觉，茶在当时也是奢侈品。纸包售卖的茶叶就像当时纸包糖果一样稀缺。

中国茶生产、消费、贸易的全面复兴，不过短短 30 多年！有着几千年产茶历史的中国，全民茶消费的征程才刚刚开始！

北京的茶馆、大碗茶，是中国茶消费的大众化的代表，与中国茶的文人化、贵族化构成中国茶消费的原始面貌。如今沿街售卖的大碗茶已然绝迹，茶馆变成了茶楼或相声馆，**中国茶需要再次寻找在当代人生活中的坐标。**

中国茶的品饮，主要分两种：冲泡茶与工夫茶。

冲泡茶无论是盖碗还是一般器皿（玻璃杯、瓷杯等），有三种冲泡方法：下冲法、中冲法、上冲法，下冲法最普遍，绿茶品饮以个人为单位，缺少工夫茶的社交化品饮特点。

工夫茶植根于粤闽地区独特的社交（家族、邻里、客商）茶生活习俗之中，是一种主要以社交群饮为主的品饮方式，工夫茶的生活习俗浸润于粤闽地区的所有人群，对于工夫茶品类起到了很强的支撑作用。

可以看到，冲泡茶、工夫茶是不同茶种的品饮方式差异。最近高档绿茶也在倡导用工夫茶的方式品饮，调节冲泡时间、次数。对于习惯冲泡的绿茶人群来说，养成绿茶工夫化的习惯是困难的，飘香杯也不能改变绿茶客喜观茶叶舒展之形的愉悦习惯。但从趋势看，未来工夫绿茶会与工夫红茶一样成为一种茶"品类"。

综上所述，品茶这个习惯，在中国茶类里是内涵丰富、不能统一的，至少要分成工夫茶类与冲泡类两大类。

目前茶叶消费主要有以下形态（茶饮料、茶食品等非原叶消费暂不列入）：

特供茶：如大红袍、西湖龙井等，只见楼梯响，从未见人下来，每年拍卖的天价茶是为了给特供茶的特权身份做一次认证。

极品茶（专业茶）：即各茶品类里高端消费的上品茶叶，以茶客老饕、高档礼品茶为消费渠道。正如我们前面所说，这部分高端茶是茶商茶企的重要利润来源，也不愁卖。

大众茶：即中国人日常消费的普通茶叶，包括部分伪装成高档茶的中等品质茶叶，在这个大众茶级别里，也只有几个全国性的品类（如西湖龙井等十大名茶），却没有全国性的品牌。

地方茶：多达500余种的地方小茶种及所谓新式茶品种，延续一高（极品）一低（大众）加礼品（地方特产）的三种售卖形式，一般销售半径不出本省甚至本地级市。

茶楼：中国的茶楼不是喝茶、品茶的地方，而是打麻将、吃饭的场所，这些茶楼里的茶都是1两卖成1公斤的大众茶叶。

茶叶市场或品牌茶专卖店：要想品茶，只能到这两个场所，还得碰巧老板在，才会根据他对顾客的身份判断，拿出一点好茶。在这些场所，所有老板都会先问：你是自己喝还是送人？其中的奥秘就是礼品茶在中国无法成大气候的原因：礼品茶成了"有礼无茶"的代名词。

通过上述历史与现实的勾勒，中国茶文化之魂究竟是什么？显然很难统一。这说明了中国茶文化的哪些问题呢？

我们通过考察，认为中国茶文化的主要问题点表现在以下方面：

1）**中国茶缺乏人性层面的通感性**：中国茶既缺乏日本式的茶道哲学，也缺乏立顿茶的消费环境，只是中国人日常饮料（含喝水）消费的一个替代品。对于习惯喝茶的人来说，会减少喝饮料、白水；对于不习惯喝茶的人来说，水果、白水、饮料都是中国茶的替代品。**中国茶除了代表品级与等级，是不同阶层、个体的不同嗜好之外，似乎没有超越性的精神内容。**

2）**中国茶小众化、文人化、阶层化过于明显**：前面已经提到各大茶种热衷炒作天价茶抬高身价，不仅是垄断的信号弹，还是对中国茶文化的损害——一个打上特权、等级烙印的商品，绝不会得到全民的认同。

3）**中国茶缺乏社会环境（消费氛围）的支撑**：日本的茶道馆、英式下午茶的各种场所，都是以茶为消费对象或媒介的，只有中国的茶馆变成了饭馆、麻将馆、棋牌室。中国茶缺乏自己的道场——全国化的、广受认同的品茶或喝茶场所。

4）**中国茶忽视了女性群体的作用，尤其是绿茶品类**：很多中国女性有喝茶习惯，但在高端茶里，女性都被当作茶艺表演的模特，再美的花瓶、再花哨的茶艺表演都不意味着茶文化，反而是东施效颦。一个只有动作，却没有"将心注入"的茶道，只是一个美丽的空壳，中国茶没有真正成为中国女性特别是年轻女性的社交饮品。一茶一座虽做了一些有价值的努力，但发展太慢不说，也逐渐变为快餐店。

中国茶缺少一种文化层面的共同认知——能够被广大中国人认同、向往、体验的茶文化精神及其品饮氛围。

当我们谈论中国茶文化的时候，其实需要先反问一下：中国的茶文化究竟是什么？

如果连"是什么"都缺乏共同认知，你谈我谈大家谈的中国茶文化，究竟是什么呢？还不是"道术将为天下裂"式的认知碎片吗？这种碎片会导致的不就是"各是其所是、非其所非"的观点与立场分裂吗？这样的分裂里，能产生什么茶文化呢？

中国茶文化缺少一种一以贯之的灵魂——代表中国茶的精神性元素。中国茶人只有先正视中国茶文化的问题，正视这个略有些残酷的现实，才能找到中国茶走向现代消费品、复兴中国茶文化的路径。

中国茶必须优先树立做消费品（不管是何种价格等级的消费品）的战略导向，才可以通过个别优秀企业、

茶行业协会或外界大资本的产品创新、品牌创新，"规避"上述比较研究中的中国茶文化问题。事实上，这样有所创新的茶企将诞生全国性的茶品牌，其示范带动效应会改变中国茶产业茫无头绪、各说各话、小富即安的混乱现状。

一种与现代消费者真实的茶消费习惯对接的茶品牌、茶产品创新，是中国茶文化重新"找魂定调"的基础。对中国茶产业链历史与现状的洞察及研究，也将为中国茶文化的"找魂"提供思想资源。

通过对日本茶、立顿茶的消费社会学考察与比较，可以得出结论：**抄袭日本茶、立顿茶文化里"有趣的"细枝末节（特别是对日本茶道的邯郸学步），绝不能支撑中国茶文化的复兴**——中国茶文化的崛起必须植根于中国茶产业链、中国茶消费环境，包括中国茶的历史与文化精华。

中国茶文化的复兴，没有必要向日本茶、立顿茶"取经学法"——并非我们不谦虚，而是前面的梳理里已经明确显示：这两种茶文化都有一个共同点——不关注茶叶本身的品味，而是关注外在的仪轨或混搭品饮。这是中国茶所断然不能认同的，也是中国茶与日本茶、立顿茶的本质不同，犹如泾渭之分明。

我们梳理认清日本茶、立顿茶的文化及其优点，冷静看待中国茶文化的不足甚至缺点，并非丧失对中国茶的信心。相反，通过比较考察，我们看到了对手优点的社会基础，也看到了对手的致命软肋。

在这种比较之下，我们不但看到了中国茶的核心价值，而且坚定了对中国茶"产品价值"独特性的信念——**中国茶的本身属性及其带给饮茶人的感受，是立顿茶、日本茶及其茶道望尘莫及、无法超越的，这是大自然对中国茶的馈赠，是中国人与自然和谐（天人合一）哲学精神的体现。**

我相信，敢于直面对手优点才是自我超越的前提，才是真正的文化自信。

阻碍中国茶文化崛起的，有历史、体制的原因，但根本是中国茶产业链各环节主体的思维境界：**中国茶文化的根本痼疾，并非表现在市场与消费中的问题，而是中国茶企的历史积习、行业陋习、茶人的经营陋习在阻碍中国茶文化的崛起。**

中国茶文化，要勇于面对现实，勇于革自己的命，勇于创新，必能冲出一条新路，让中国茶香飘四海；中国茶文化，要成为中国人普世价值的符号。

补记：

有人会说中国茶文化是讲茶缘、茶德、茶品的。如工夫茶里的桃园三结义、关公巡城、韩信点兵；绿茶里的君子之品如诚、信、仁、和、美、敬、廉、清、静、雅等，"台湾中华茶艺协会"确定为清、敬、怡、真四品。

卖茶人讲缘分、以心会心虽无不可，但实际上，生意人将道德挂在口头，只会让顾客敬而远之。上述茶德也都是一家之言，不仅未能见之于生活日用（日式、英式采取的是"时间截段"法，造出一个承载茶道的 Tea-time——即所谓谈道说事之"场"），还将茶的自然属性与社会性混淆在了一起。

至于很多人喜欢挂在嘴边的"茶禅一味"、品茶悟道，就更是荒诞不经。

佛学包括中国禅宗，核心精髓就是众生平等，不要妄生分别之心。在一个平等的世界里，连喝一杯茶都要讲究"茶、喝茶、喝香茶"的等级分别，看人待客以貌取人、心有三六九等，哪里还是佛门弟子，分明是执着分别的愚妄迷人，其精神境界还不如田间老农。不知所悟何道？谈何品茶悟道？

茶禅一味就是不分别茶味而体悟禅机，而中国茶讲究一个"品"字：品级、品味，连煮茶之水都要讲究，这种精微细腻的品茶之道与佛教主张吃百家饭、不生分别心的平等精神是相反的。

《金刚经》云：尔时，世尊食时，着衣持钵，入舍卫大城乞食。于其城中，次第乞已，还至本处。饭食讫，收衣钵，洗足已，敷座而坐。"次第乞已、饭食讫"体现佛祖平等受施、不别好坏的无别精神，与佛教万法一视、普度众生的信念是直接相通的。这是心容万物、无有挂碍的佛教精神。

茶道不排斥生意，更没有仇视利润的情结，但嘴上有道、心中无道的伪君子式茶道，或者空洞无物、错漏百出的茶文化理念，恰恰是中国茶文化的最大敌人。

为中国茶文化找魂，这是一个艰苦的过程，需要天时、地利、人和、运势的氤氲化合。本书要传递的结论是：**尽管中国茶的历史最悠久，但中国茶如何嵌入现代中国人的消费生活习惯，这是一个新课题，从历史或他国都找不到可拿来就用的良方。**

这是我们说中国茶的营销属于"中国创造"范畴的原因。

十

茶叶的十种商业模式

中国茶的战略困境是冰火两重天：一小部分中国茶的深度嗜好者，大部分现代人并没有将茶当作生活必需品，反而被咖啡、立顿茶这些非中国茶饮品替代了。中国茶企的核心战略是两化：规模化、消费品化。

也就是说，必须由领先的茶企品牌率先崛起，才能逐步打破中国茶消费小众化的现状，重新让中国茶成为大众化、日常化的生活必需品。

中国茶的复杂性决定了在总战略方向之后，要对茶叶的商业模式进行梳理，才能为中国茶的各路主体确定企业的"战略定位"提供坐标系。"战略目标＋商业模式＋战略定位"三点一线之后，才是针对性的茶叶营销

模式设计。

借对茶叶商业模式的完整梳理，让有志在中国茶产业掘金的各路主体看到中国茶的丰饶性与纵深度，为茶品牌创新提供广阔天地，摆脱**战略错误、营销低级、模式同质**的中国茶产业"三宗病"。

商业模式是企业获取收入及利润的方式，一片小茶叶可以变化出十种商业模式，每种商业模式都具备产生强大茶品牌的基础。

强大品牌是什么概念？按目前茶产业总产值及TOP10 茶企规模，以成为一个全国性的茶品牌来说，至少是年销售额 10～30 亿元，如果考虑未来 3～5 年茶消费的升级，20 亿元是每种商业模式下第一茶品牌的目标。

按照产业生态的理论，一个第一品牌 20 亿元的品类，将至少有 2～3 个 3～10 亿元的第二阵营品牌，以及众多 1 亿元以下的地方品牌。这是中国茶营销的专业研究及实践，可以为中国茶产业做出最大贡献，超出了帮助单个茶品牌崛起的价值。

本书所指的茶品牌皆是以茶叶为基础，不包含以香精、添加剂调配的茶饮料。

模式 1：品类品牌。

释义：品类茶即是中国茶的六个基本种类，2011 版《中国茶经》收录绿茶 153 种、红茶 3 类 11 种、乌龙茶 14 种、白茶 4 种、黄茶 4 种、黑茶 6 种。该版茶经对乌龙茶、黑茶、红茶品种收录数量少了点。坊间所谓 7 万家中国茶企，绝大部分就是指围绕六大茶种产业链形成的各类茶叶主体（茶农、茶商、茶厂、茶贸易公司）。

目前水平：六大茶种消费的地方化现象是非常严重的，从严格意义上看，中国并没有任何一个茶种实现了"全国化"消费。可喜的是，六大茶种的认知度全面复苏，尤其以红茶、普洱、黑茶、白茶的表现为近五年的亮点。这种复兴伴随着各种炒作，但本质上是中国茶消费化复兴协奏曲里的一段旋律，市场机会的价值大于炒作的杂音。

目标顾客：除福建、广东的乌龙茶是全民老少皆饮之外，其他茶种的消费顾客以男性、中年（30 岁以上）消费者偏多。

消费驱动力：地方生活习惯是核心驱动力，高价茶炒作是第二驱动力，品牌连锁专卖店是第三驱动力。这种驱动力现状，决定了品类茶仍然处于消费品化、全国化的初级阶段。

市场潜力：普洱、乌龙是虚火，白茶、黑茶有亮点，但后劲不大，绿茶仍处细分品类割据阶段，红茶崛起迅速。这个格局意味着：白茶、黑茶要走高端化路线，红茶、普洱、乌龙都到了全面普及化关头，绿茶各品类必须走先树高端品牌（垄断优质产区），然后再大众化渗透的路线，特别是传统十大名茶里的茶企。

关键成功要素：按照产业营销图谱里"价值化"与"规模化"两类驱动引擎的规律，制定从品类中快速成为领先品牌的营销模式，抢夺品类第一品牌制高点。

模式 2：渠道品牌。

释义：主要有茶叶市场（茶城）、茶行（零售店）、品牌连锁店、网店四类，是茶叶销售的主要场所。

目前水平：茶叶市场依然是内销的主流渠道，品牌连锁店是茶城、茶行的精致化，网店则是前面三种的电子商务版。综合性渠道品牌比品牌连锁发展要好，乌龙茶、普洱茶的渠道品牌做得比其他茶种要好，如天福、八马、大益等。显然，其他茶种确实被"细分品种纵向切碎"了，甚至没有看到"横向"做渠道品牌的巨大机会。

目标顾客：渠道品牌的本质是生活圈（或商圈）客户，目标顾客比较泛化。

消费驱动力：定价、品质、服务是核心驱动力，与零售品牌基本相同。

市场潜力：各品类里的全国性渠道品牌不是太多，而是太少，乌龙、普洱的招商加盟品牌很多，但大多对于零售店即渠道品牌的经营没有成熟模式，圈钱、虚火的倾向比较严重，没有按照零售店的消费规律去设计运营模式，即使如八马这样有大广告轰炸的品牌，也可能后劲乏力。

关键成功要素：选址标准、客户培育模式、生活圈（商圈）营销——让每家店都能赚钱，才是渠道品牌的根本，而不是明星代言与大广告。

模式 3：包装品牌。

释义：有原叶、原叶茶包、制品茶包三种形态，以KA、AB、CVS 为渠道的超市包装茶品牌。

目前水平：以立顿茶为代表的制品茶包一枝独大，

原叶袋泡茶包、原叶茶粉袋泡茶包技术上皆无瓶颈，却不被重视，原叶（散）包装茶也没有大品牌。一茶一座的袋泡茶、龙润的普洱 Office Tea 袋泡茶、帝泊洱的普洱冲调粉，推广都不成功。

目标顾客：大众化，尤其是办公用茶的理想形态。

消费驱动力：口感诱人稳定、包装简洁个性、价位适中、潮流时尚。

市场潜力：可以在立顿茶之上创造高一价位与品级的全国性乃至世界性中国茶品牌。

关键成功要素：渠道、定价、品质、推广，要按照消费品的规律认真研究动销模式。

模式 4：茶馆品牌。

释义：星巴克式的茶馆品牌。

目前水平：个体化、地方化、餐饮化、棋牌室化，主业错乱模糊。

目标顾客：混乱。

消费驱动力：非正餐的娱乐动机。

市场潜力：传统茶馆模式除高端会所级或娱乐性品牌以外，都没有太大的发展空间，也没有可复制的品牌模式。

关键成功要素：投资人的经营兴趣。

模式 5：茶艺品牌。

释义：以教授、训练茶文化、茶艺为主的教育品牌。

目前水平：茶道、茶艺作为琴棋书画之外的国学，是进行传统教育、个性教育的最好载体，少儿茶艺教育、专业茶艺师认证教育都在各地兴起。

目标顾客：少儿、年轻人为主。

消费驱动力：个性修养。

市场潜力：中国茶艺将会是少儿培训教育产业的黑马，市场潜力巨大。

关键成功要素：课程标准化、定价合理化、师资多元化。

模式 6：原液茶饮料品牌。

释义：茶叶原液萃取，不加任何香精、糖精的即饮产饮料。包装形态有 PET 瓶装、铝罐装、铁罐装等。

目前水平：澜沧江、帝泊洱等都推出了普洱原液饮料，皆不成功。日本的原液茶饮料技术较先进。

目标顾客：尴尬。产品定价较高，在饮料里是高价位产品。

消费驱动力：原液无糖。但这个说辞驱动力不够。

市场潜力：有成为创新茶品牌的机会。

关键成功要素：解决消费者利益点与渠道动销模式，即必须研究清楚究竟什么人会喝、为什么会经常喝的战略问题。

模式 7：原液现泡品牌。

释义：在 Nessprsso（咖啡机 + 咖啡原液）技术启发下衍生的原液茶现泡模式。

目前水平：仅见乐泡（Lepod）一个品牌在做探路者。

目标顾客：写字楼白领。

消费驱动力：原液现泡、口味丰富、茶水温度配比科学，提供了办公茶的新选择。

市场潜力：有成为创新茶品牌的机会。

关键成功要素：性价比、普及化的价格门槛、时尚基因。

模式 8：礼品茶品牌。

释义：中国万亿礼品产业里的茶叶品牌。

目前水平：都在做礼盒装，传播礼品诉求，却没有一家茶企明白"礼品茶"的做法——如何塑造一个礼品茶的全国性的、符号化的品牌。红岁、八马不属于礼品茶，徽府茶行、国礼徽茶之类的所谓横向茶产品，是对"横着做产品"的误读。

目标顾客：设置送礼等级，不同等级有不同的礼，这是礼品茶设计的原点。

消费驱动力：礼品符号化。

市场潜力：巨大的处女地。

关键成功要素：品牌符号化、产品固定化（性价比）、时尚化。

模式 9：茶食品品牌。

释义：主要有茶糕点与茶饭包等，具有中国特色的食品。

目前水平：地方化、特产化、零碎化。

目标顾客：广谱人群，适应性广，无限制。

消费驱动力：茶香、健康、口感、特色。

市场潜力：无论是作为工夫茶点心，还是独立的茶食品，包括煮饭用的茶包（煮出色味营养俱佳的"茶饭"），都有很好的销售潜力。

关键成功要素：产品研发、品牌化、市场推广。

模式 10：茶铺（Tea shop）品牌。

释义：类似奶茶铺、水果捞的原液茶现饮模式。

目前水平：无原叶茶品牌。

目标顾客：年轻男女，街客。

消费驱动力：茶香、无糖健康、混合口味丰富、解渴营养。

市场潜力：具有发展出全国性、规模化连锁现饮铺品牌的潜力。

关键成功要素：产品研发、连锁模式、供应链管理。

从上述茶叶十种商业模式的梳理可以看到，中国茶具有深入现代人生活消费的巨大空间，各茶叶主体需要从战略与商业模式角度重新思考企业的定位与方向。

从未来茶产业资源的发展趋势看，如果仍然千军万马在一条道（第一、第二种模式）上，资本投向高度同质，不但不能利用中国茶叶的产能推动中国茶的日常消费化，而且必将在优质资源集中化、垄断化的收官阶段，对中国茶农、茶商乃至中国茶产业造成巨大伤害。

中国茶营销，必须呼吁、帮助中国茶在上述十种商业模式上，塑造"领先品牌"，以榜样的力量带动中国茶产业形成以"消费拉动产业链"的良性生态系统。

中国茶既是一门技术活，又是一个需要大资本撬动、激活的产业。但只有资源、技术、大资本，却不知道战略方向，不选择商业模式，上游茶园并购是低投资回报率的盲动，营销活动（代言人、广告等投入）是花拳绣腿的假把式，不会对塑造品类或商业模式的第一品牌有真正驱动力。

用战略视野洞察、商业模式定位指导、设计中国茶企的营销，才是快速成就第一品牌、投资回报率（ROI）最高最快的破局正道与王道。

十一

舌尖上的茶味——
茶叶的美感呈现

很多茶人（茶农、茶商、茶客，下同）都将众口难调挂在嘴边，意思是茶的标准化是困难的。本人以过去10 多年的寻茶经历与体验，可以确定地说，**中国茶的标准化，即众口可调，是有迹可循、有法可依的，关键在于茶人、茶企想不想，而不是能不能。**

1998 年，安徽。

30 岁之前，我一直生活在合肥，从小就跟着父辈喝茶：黄山毛峰、霍山黄芽、六安瓜片、祁门红茶等，间或还有太平猴魁、金寨雀舌、敬亭绿雪等。那时还没有品茶的概念。我 1998 年起在全国各地工作、出差，找茶与去夜市吃小吃是两大不变的爱好。

1998 年，长沙，君山银针。

君山银针给了我徽茶以外的第一个特别印象：垂直竖立、直上直下、白毫满布、茶水之中活气四溢。十几年没有再喝过，味道记忆已经淡漠，但冲泡出来的这个视觉记忆宛如昨日。我当时用 300 元买了两袋（1 斤），还是下了点狠心，带回家后，父亲品尝后也觉得好喝。

1999 年，潮汕（揭阳、潮州、汕头），乌龙茶、凤凰单枞、水仙。

在潮汕工作，第一次接触到工夫茶的喝法。潮汕工夫茶的洗杯，在滚烫的沸水里洗茶杯，是从小学习、人人必会的功课。在潮汕地区工作一年，不断被告知，潮汕工夫茶不仅是喝茶，还是一种生活方式、一种礼节、一门学问，也是一种权谋、一种世故人情。

桃园三结义、关公巡城、韩信点兵，是潮汕茶的一般礼节。最厉害的是泡茶、敬茶、回礼之间对新来之客的判断：是敌是友、几斤几两、利害应对、性格脾气，在三杯茶的往来之间，潮汕人的心中已见分晓。

2000 年，安溪，铁观音。

第一次去安溪，早上起来的第一件事是喝茶，铁观音茶香气味立即钻入脑神经，那股神清气爽的香味，让人精神振奋，瞬间没有了睡意。透亮淡黄的茶汤，干净得没有一点杂质，在清晨的阳光中（安溪的阳光都显得特别清澈），宛如一个白净朝气、细汗微露的少女。

接待我们的客户自家产茶，送给我的铁观音带回家后，即使用绿茶的方式冲泡出来也是满室生香，平时不太讲究喝茶的母亲都啧啧称奇。

2003 年，成都，竹叶青。

那时的竹叶青散茶每家茶叶店都能买到，价格在 1 斤 500 元左右的茶就很好喝，干净、匀整、嫩绿、清香、鲜爽。竹叶青价格一直在涨，竹叶青专卖店里逐渐不卖散茶。

2004 年，贵阳，都匀毛尖。

第一次在太升茶叶市场喝到都匀毛尖，耐泡、味足而不涩，翠绿而无青气，叶底肥硕而鲜嫩，二三道茶水里仿佛都是活的茶精灵，满口滋润。

2005 年，西安，午子仙毫；宜兴，碧螺春。

都是出差时收到的礼物，不知是否品级或冲泡方式不对，对这两种茶的印象不深。现在才知道，碧螺春要用上投法冲泡，用下投法冲泡的碧螺春简直是唐突美人。

汤出汁后，加冰块冰镇，口感怡人、甘洌解渴，别有一番风味，女士普遍喜欢其香气、口感。

2012 年，祁门红茶、贵州红茶、安吉白茶。

被送了几种红茶与白茶，我也开始有意识地扩大品茶范围。

祁门红茶的蜜香确实"霸道"，一闻一品即能征服味觉，宛若熟女，艳而不俗，媚而不荡，令人心醉，却又不可亵玩。下午或晚上用工夫茶方式泡一壶，确实提神醒脑，满心欢喜。喝了几种白茶，感觉比较刮肠，不知这是不是安吉白茶被不少茶商说成减肥茶的原因。

最近十来年积极作为的徽茶，一笑堂（六安瓜片）、谢裕大（黄山毛峰）、肖坑猴魁、泾县特尖、雾里青、敬亭绿雪、金寨雀舌、九华佛茶等，也都多次寻访，可惜只见卖茶人，不见品茶人，茶叶品级除了价格，皆一无所知，甚至说不清不同价格茶叶的差异。高档茶的品味、稳定性不断变化，令人无从选择。做茶的朋友、送茶的朋友每年不少，却难以留下深刻的品尝记忆。

用营销视角反观个人这些年的寻茶历程，可以得出这样的结论：**中国茶的独特性及与日本茶、英国茶的差异性，是中国茶注重茶叶本身的美感呈现，即茶叶从观**

感到舌尖，再到内心的美的展露过程及体验、记忆，这些美感是具有规律性、通感性、可分享的。中国茶注重的是茶叶本身的品味与感受，而不是茶艺表演、品茶悟道（茶道）、会所茶室、花式品饮等外在的感受。

茶的品类、品种、品级、批次等都是影响产品品味的因素，每个人的口味、偏好、价格承受力等也会影响其对茶的感受。如何才能为品味制定标准呢？

品味本身确实因个人感受而有差异，但要说众口难调，恰恰是做大与做不大的"观念差别"：研究如何让众口可调的企业，最终找到标准化的方法；停留在众口难调观念的，只能小富即安。

从个人体验中来，到大众体验中去，再聚类为标准体验，茶叶的标准化并非遥不可及。

十二

中国茶品牌的精神

系统阅读茶道、茶文化、茶艺等课题的专著与论述，特别是冈仓天心《茶之书》、林瑞萱《中日韩英四国茶道》，更加坚定《舌尖上的茶味》一文中做出的判断：中国茶的精神，不仅日英茶道所不知，**当代茶人对中国茶历史的理解也是错误的，对茶道茶艺的认识被日本茶道"反洗脑"，失去了中国茶的独特精神、气质与灵魂。**

中国茶的精神不在英式的混饮，不在日式的仪式，中国茶的精神在于茶叶作为自然之物的完整生命呈现过程，所带给饮茶人的感受。这种感受的核心，首先是一种美的呈现，而不是为了参悟什么人性或某种玄学思想。

茶叶的美之呈现本身，就是最高的价值。茶叶之美

的感受性，是中国茶的产品之魂；将个体的美之感受变成大多数人都可以体验到的通感，就是茶品牌崛起的产品之根。

中国茶品牌塑造，要从识茶、选茶、品级开始。

（1）淘茶、识茶。

首先，需要耐心淘：与懂得制茶的卖茶人喝茶，才能了解每款茶的细微差异。

其次，要花点钱：以现在的价格，大众价位（1000元/斤以内）的茶，很难品尝到各种茶里的上品。

最后，要讲茶缘：与种茶、做茶、爱茶的茶商喝茶，才能选到喜爱的好茶。

淘茶的过程就像女人逛街或网上淘货，可以去茶专卖店、茶叶市场，甚至去茶厂、茶园，是个很有趣的过程。

（2）选茶。

从顾客购买及日常消费的选茶标准角度看，性价比是第一位的。

从日常茶消费的中高等价格承受力看，每斤万元以上的茶，一般人很少涉猎。我也喝了各种茶里标价万元以上的茶，感觉性价比不够。

实际上，绝大部分茶的性价比都是错位的，鱼目混珠、浑水摸鱼更是茶商的盈利技巧，这已经成为中国茶盲目高端化的消费痼疾，阻碍着茶消费的普及化，也阻碍着茶叶品牌的规模化。我曾经爱喝的竹叶青，感觉2010年的至尊论道，性价比还不如2007年的普通论道，自然会放弃。

比如，基于《舌尖上的茶味》里的个人经历，以同样价格产品为准，我的选茶标准及依据是：信阳毛尖在茶形、净度上比都匀毛尖差很多；我更喜欢安溪铁观音的清幽香气，不太喜欢乌龙、单枞的浓烈；竹叶青茶形、净度最高，却不耐泡，君顶雀舌（四品君）性价比就反超之；陈年普洱要看老熟渥堆、茶汤净度、香气味道是否无杂质、味醇正；西湖龙井香气醉人，茶汤却略显单调，层次感不强。

中国茶天生有等级。严格地说，**不是哪种茶比其他茶更好，是每种茶里都有等级**，要比较也只能基于同等价格做比较，这是茶的属地性质所决定的。

（3）品级。

茶叶的品级及感官标准，是由各类茶中高档区间茶

叶的特性所定义的，即茶的感官标准必须以高端茶的感官特性为标杆，这些感官指标就是茶叶价值的构成要素。

茶叶性价比的分母——茶的价值，由哪些因素体现呢？

综合各种中国茶，我认为**茶形（茶形与叶底）、汤色、净度、口感、香味**是主要的品评指标。

现有的大部分茶艺书的感官鉴别标准，以观、闻、品、回味等为主，我认为普遍忽视了两个关键问题：**茶汤的净度、茶叶的匀整。**

净度不是没有纯净水式的无"白水茶"，而是指茶汤里没有杂质、残茶悬浮，而白毫密布、色泽莹润、透光性等是茶之净度的指标。茶叶匀整度就更困难，茶企甚至以不匀整为手工茶的特征而放弃对匀整的追求，其实**从叶底反向审视制茶工艺及茶叶采摘，茶叶的匀整并非不可实现。**

竹叶青解决了一般茶不去解决的这两个关键感官指标，本是很好的茶叶标准化的方向，但竹叶青一味追求高端化，最终失去的性价比这个基本的茶叶消费本质，将竹叶青局限成了小众化、地域化品牌。

茶叶价值及其感官标准与定价之间的匹配性，让茶

叶消费者（掏钱购买饮用，而不是买来送礼）有"超值感"，是茶企需要认真思考、研究的课题，这是茶叶产品标准化的根基。

（4）品类茶的品牌之源。

这个课题的实质就是"品类茶叶品牌"如何征服消费者？品类茶叶即指我的《茶叶的十种商业模式》里的第一类茶品牌。

"征服"即指消费品品牌建立的一般逻辑：尝试、偏好、口碑、频次、大量、忠诚。克服每个环节上的消费障碍，茶叶品牌才能鹤立鸡群、脱颖而出。

（5）品类茶品牌崛起的条件成熟。

近十年中国茶叶市场总体是上升的，消费升级的趋势很明显，是中国人可支配收入提高、各种礼节消费驱动的结果。天时到来。

乌龙茶、普洱茶、黑茶、白茶、红茶等热点频繁出现，并非消费主题转换，而是中国茶消费全面复兴的、百花齐放的好现象。地利具备。

中国茶破局的必由之路是用市场号令上游与资本，而不是相反。人和可用。

中国茶形成从低到高、价格带丰富的品级标准，是中国茶的必由之路，"丰富性"的价值营销是中国茶消费品化营销的核心，而不是立顿茶的单一、日本茶重仪式轻茶品。

中国茶叶的等级为塑造茶叶品牌势能提供了得天独厚的条件，品牌生长空间广阔。

中国茶的创意纵深空间极大，绝不是一两个大企业可以垄断，快速洗牌然后垄断之说皆是想当然。在各茶种（至少是前 20 位知名茶品类）出现"一群"（3～5家）强势茶叶品牌之前，这种洗牌局面不会出现，投入上游茶园的资本回报率会很低，甚至会亏损。

茶企尤其是进入茶产业的大资本，必须用市场营销驱动品牌建设，即用科学的营销思维与方法，以对市场、消费者的洞察与创想，反向设计茶产品、制定品牌茶的价值标准、等级、定价，以及后续的市场推广组合。

战略、商业模式、顾客三点一线后，聚焦产品，科学地制造茶叶各品级产品；合理定价，是成就全国化乃至世界级茶品牌的"定海神针"。

十三

谁会成为中国茶的
"茅五剑"

研究、判断、预测、方法正确，并不意味着所有企业都能拿来就用。爬珠峰需要的装备，对于爬泰山来说是不必要的；同样，爬泰山的成功经验，对于爬珠峰毫无意义。

中国茶营销的方法需要悟、创、行，没有标杆学习的对象。可以用借鉴类比的方式促进触类旁通的理解，所谓"法门猛叩无方便，疑网重开有譬如"。但真正要做成，还是要寻找中国茶，包括不同品类、品种自身的规律。

"茅五剑"（茅台、五粮液、剑南春）是中国白酒的品类价值领袖，尽管中国白酒香型众多、度数复杂，但代表白酒品质、品味、工艺、历史、文化、品牌的,"茅五剑"占据不可替代的地位。

在高端白酒市场,水井坊、国窖1573、洋河蓝色经典梦之蓝、青花瓷汾酒、红西凤、红花郎等都在快速崛起,但"茅五剑"的品牌地位依然牢不可破,就像葡萄酒的法国波尔多产区、波尔多里的AOC(现改为AOP)、拉菲。

茅台是中国白酒当之无愧的拉菲(Chateau Lafite),五粮液、剑南春则是拉菲系列里的拉图(Chateau Latour)、玛歌(Chateau Margaux)。"泸郎洋古汾凤"可类比为意大利产区,口子窖、景芝、杜康等是西班牙产区,稻花香、迎驾、衡水老白干等是智利、澳洲产区。

中国白酒的品级生态与葡萄酒的品级生态类似,**中国茶的未来也必将形成类似的品级生态格局。**

值得关注的是,虽然葡萄酒与中国白酒的相似之处很多,产区、品类、品种、年份等都造成了产品的复杂化,但葡萄酒以行业协会标准的形式确立了"品级标准"(法国、意大利、德国等各有标准),**中国白酒却只能以优秀企业"标杆性产品"的方式,确立品级标杆与品质标准:53度飞天茅台、52度五粮液、52度剑南春(珍**

藏级）。

中国白酒的"茅五剑"不是被官方或行业机构认证产生，也不是靠包装、广告等催生的，而是被市场及消费者接受、认可、重复购买、忠诚消费产生的。也就是说，"茅五剑"是被中国市场"喝起来"的品牌。

这个现象对中国茶有何启示？

最重要的、最有价值的问题是：谁会成为中国茶的"茅五剑"？这是中国茶从没有被认真研究的重大课题。对这个未来问题的科学研判，可能是中国茶产业产生质变的第一个驱动力。

中国茶营销纠结于品类、品种、品名（注册商标）的复杂组合，产业链横向与纵向整合，横着与竖着做品类等空洞无物、不知所云的学术概念，以及包装、代言人、广告的简单营销手法，迷醉于夜郎自大的第一品牌幻想，却没有一家企业真正从产业未来格局（演变趋势及最终结果）的角度去洞察品牌战略定位问题，甚至没有去思考及研究这个茶产业最核心的问题：谁能成为中国茶的"茅五剑"？即**行业制高点谁去占领、如何占领的问题**。

蛇无头不行。"茅五剑"对中国白酒的意义不仅在于三家企业的品牌，还有"茅五剑"定义了中国白酒的主流口感（酱香＋浓香）与品质标杆，并以各自的标杆产品价格支撑起中国白酒丰富的价格带（产品丰富化、差异化的基础），让中国白酒得以在各个价格带上百花齐放。

中国茶产业的复兴、茶品牌的崛起，缺少的显然就是这样的龙头企业、龙头品牌、龙头产品，尤其是占据茶叶制高点的消费品牌（产品）。

顺便纠正一个误区：高端＝小众。"茅五剑"、波尔多、拉菲确实不是大众消费产品，但它们并非小众产品，而是实现了高价格、大规模、广认知的产品，而真正的小众产品是不具备大规模、广认知特性的。

从某种角度说，之所以始终有人拿立顿茶与中国茶做比较，根本原因就是中国茶缺少这样的行业标杆，让中国茶的品类特质无法彰显。

试想，如果中国茶的"茅五剑"诞生了，还拿立顿茶与中国茶相提并论，岂不就如同将"茅五剑"与二锅头相提并论、拉菲与黄尾（Yellow Tail）等量齐观？

判断中国茶品类与品牌格局的潜在趋势，是对未来的洞察，每个人的观点必然不同。能为现在的茶企指路的判断与预测，不决定于个人的情绪、偏好或立场，而是取决于基于客观现实的研判逻辑。

这个逻辑与葡萄酒、白酒等品类的形成规律相似，是有迹可循的，即遵循以下四个逻辑：

1）品类（产地、产区）。

2）品种（品味、品级）。

3）品牌化。

4）规模化路径。

这里无法详述解析过程，就直接将本人的结论拿出来与各位探讨，留给未来验证的一份预言。

第一个预判：中国茶的哪个品类最可能诞生"茅五剑"？

六大茶类里的绿、黑（普洱）、青（乌龙）是产生可规模化高端茶的大品类，其他茶品类（红、黄、白）产生大品类的可能性不高（不是指这些品类不会产生高端产品）。

高端茶标杆产品与天价茶关系不大，大红袍、陈年普洱等，一个极度稀缺，一个历史无法复原，都与作为消费品的高端茶风马牛不相及。

能成为品类标杆的高端茶必须符合以下条件：

1）可重复生产。

2）可规模化的品类与品种。

3）消费者接受度高，能成为全国广大地域不同人群日常饮用的茶品。

普洱、乌龙、绿茶代表着中国茶的三大最显著差异的品类，且都具备高端产品规模化的潜力。

第二个预判：上述三个品类里的哪些品种会成为"茅五剑"？

普洱最简单，产区、茶树决定产品品质；乌龙茶次之，铁观音、武夷茶双峰并峙（凤凰、台湾高山只会成为补缺品类）；绿茶最复杂，十大历史名茶里就占了7种，其他近千种小茶种很难突破地方特产的局限。

从三大茶品类的消费人口看，绿茶的消费基数最大，普洱近几年市场热度虽高，但从日常消费频率看，还不如粤闽地区对乌龙茶的消费习惯，在普洱的产地云南，普洱也没有乌龙茶在粤闽地区的消费氛围。

"茅五剑"都是唯一的，其中茅台近几年已经充分显示出白酒之冠的潜力，五粮液、剑南春在价格、规模（指高端核心品种）上已经不能构成威胁。

要成为中国茶的"茅五剑"，就更需要具备出类拔萃的天生丽质。

其中，具备成为中国茶中茅台的，即顶级品牌地位的茶种有三个：**西湖龙井、都匀毛尖、铁观音**。

具备角逐中国茶中五粮液、剑南春，即跻身顶级品牌阵营的茶种是：**普洱、武夷岩茶、碧螺春、竹叶青、信阳毛尖**。

上述八大品类及品种，具备进入中国茶顶级品牌的品类资质。

其他的品类及品种，如黄山毛峰、君山银针、祁门红茶、六安瓜片等，都不适合定位在顶级品牌。这些品类的产区、历史、底蕴、品种等，缺少顶级品牌需要的关键特质：即本人在《舌尖上的茶味》里所说的茶叶美感呈现对饮茶者的吸引力。

安吉白茶、安化黑茶等小茶种是否更适合做高端茶呢？这些茶可以有价格更高的产品，但其规模、历史、消费习惯等决定了这些茶种是不可能"代表"中国茶的。

做中国茶的"茅五剑"意味着什么？这些茶品类里的茶企是否都能鸡犬升天？

正如茅台所在的茅台镇、赤水河，酱香酒的产量比茅台酒大 10 倍，品牌多千倍，而飞天茅台是独一无二的。

角逐中国茶顶尖品牌的三大茶种，现在有多少分类（如龙井的"狮、龙、云、虎、梅"）、多少品牌都是不重要的，关键是谁能"做到"以下市场表现：

1）谁能抢先拥有最优质的上游产业链控制权。

2）谁率先打造出**知名度最高、覆盖率最广、销量最大、消费者最满意**的顶级品牌。

上述"四最"是中国茶顶尖品牌的市场指标，上游产业（产区＋工艺）链控制是基础。

需要说明的是：正如茅台酒一样，上游产业链控制里，产区是重要的资源，却并非核心关键点。**高端茶的关键是运用现代工艺技术对高品级茶叶制作的创新与标准化，即可以实现"精益量产"**，就像茅台酒酿造工艺的创新一样。

以为守着优质产区或茶树就是顶级品牌的想法是错误的。大红袍、安吉白茶、普洱的传奇茶树上，不会诞生可规模化消费的顶级茶品牌。

中国茶的顶尖品牌，需要从产品、品牌（化）、渠道的消费品"铁人三项"里进行创新、创造。

安溪铁观音集团 IPO，财务数据受到质疑，但即使成功 IPO，是否就抢占了先机？这个品牌叫凤山的安溪铁观音集团，提出的企业发展目标是做中国的立顿。

西湖龙井、都匀毛尖都有政府牵头的协会、标准甚至实体公司，但这些政府行为若是浮于表面、追求喧哗，既没有踏实做产品的恒心，也没有认真做市场的意志，对于品类价值的占位或许是反作用的——顶尖品牌不是靠红头文件就能圈出来的。

王位虚置、王冠无名，这是中国茶产业最具价值的战略机遇。

谁是成为中国茶"茅五剑"的力量？这样的机会谁能"裁云为霓裳，彩练当空舞"？谁能在王位、王冠上刻上自己的"品牌之名"？

正如"茅五剑"的发展历史所昭示的，品牌崛起不能靠政府，而要靠市场、靠内功、靠科学、靠专业、靠自强不息的奋斗。

业外资本、大茶商、具备规模的茶厂（茶园），是创造中国茶顶尖品牌的三股力量，需要资本、资源、智本一场"风花雪月"的邂逅。

以终为始，是产业营销战略思维的出发点。看到什么未来，才会有什么未来。**产业格局的竞争，是超越产业现状的战略洞察、预判与创导性方法研究。**

十四

品类茶品牌如何
脱颖而出

这里是指《茶叶的十种商业模式》里的第一种类型：品类品牌。中国茶特别是绿茶的复杂品种、品类，让茶企很纠结，里斯先生提出开创新品类才能创造品牌的路径，让茶企兴奋激动了一阵，很快又有了更大的困惑：缺乏品类创新机会的中国茶（传统）品类，是否就没有了大机会呢？无法阻止品名跟风或品类名称共享的茶品牌，是否就束手无策了呢？

我已经多次阐述，将中国茶品种、产地的复杂性、多样性当作问题的认识，是对中国茶消费及其文化的无知。过分夸大独霸"品类化命名"在品牌运作上的重要性，从营销逻辑上看是一个偏执错误的思想。

中国茶的多样性、品种地域化等"非标准化"现象，是不是问题呢？当然是问题，却不是里斯品类战略所言的问题。我们从以下三个角度澄清这个观点：

首先，历史形成的中国茶的多样化品类不是茶企打造品牌的障碍，恰恰是一笔巨大的、无形的、免费的资源。**问题在于各种品类下的茶企，并没有真正认识这个资源的本质及价值究竟是什么，自然也不知如何利用。**

其次，每个品类之下，往往品牌众多，品类名称多是"地域+品种"句式，如毛尖品种的著名产地就多达100多个。品类认知大于茶企的品牌认知，这被当作茶企打造品牌的心智障碍。其实，反过来看，历史形成的品类影响力不是为所有茶企撑起一个免费的保护伞吗？**问题是后人（茶企）如何在前人栽的树上（品类、产地），去嫁接自己的枝干（产品化）、开自己的花朵（品牌）。**

最后，如里斯所言，在绿茶之外开创红茶，是一个李代桃僵式的障眼法。里斯所言的品类创新其实是红茶消费抬头的市场机会，而不是发现了红茶这个新品类。

红茶和白茶、黑茶等一样，是长期被绿茶、乌龙茶、普洱茶边缘化的品种，而当前正是中国茶全面复兴的历史节点，红茶销量的崛起与品类创新没有任何关系，是红茶从边缘消费转入主流消费的历史进程。

诸如川红、滇红等迷醉于品类创新的茶企，很快会在新机遇的跟风山寨中，失去继续成长的驱动力。因为这些以为品类创新是驱动力的茶企，误读了自己早期发展的关键成功因素，也就很难在品类普及化的阶段继续保持优势。

因此，**最重要的问题，也是中国茶潜含的巨大机遇，恰恰是到目前为止中国茶还没有真正的品类创新。**

明白了上面三条我们看待中国品类茶的问题，才能找到品类茶打造品牌的战略路径，或者这样表述：所有靠品类祖荫滋润过活的茶企，如果有企图心去做成一个强势的、规模化的品牌，首先要找到如何利用各个茶品类的影响力（消费特性、品类认知等），树上生花创立可快速规模化的品牌。

简单地说，如何做品类里的数一数二或唯一者。是不是开创了新品类不重要，重要的是能不能成为最终的赢家。

如何在茶品类里让自己的品牌脱颖而出呢？

以"三板斧"（明星代言、概念产品、大媒体）为特征的知名度营销开始在茶企中流行，按这个趋势，一线明星将很快被走上IPO路的茶企采用。

这个套路的结局会是这样的：两年内，招商加盟300～500家，销售额3～5亿元，如果IPO，一年内业绩大变脸，如同2011年的汉王科技；如果不能IPO，销售增量及利润率将增长缓慢甚至负增长，天福茗茶就是这类企业的标杆。

我们已经多角度、多层次地论述了中国茶的根本问题，不是品牌知名度或大资本收购就能够解决的，而是中国茶的产品与消费者的沟通代码出了问题。任何茶品牌，如果不去先解决这个问题，即研究自己的品牌先做成消费品的问题，沿袭传统经营或者"三板斧"式的粗放营销，最终都是水中捞月。

这里所谈的品类品牌的崛起，核心仍然是基于此前阐述的中国茶的战略逻辑：如何做成各自品类里的规模化的消费品——产品能够被重复消费，品牌的建立才有可能。

品类茶品牌的生成逻辑：

茶企必须转变战略思维，即从注重茶文化、茶属性的小众化思维，转变为先做消费品，后做茶文化的规模化思维。这个战略逻辑在打造品类茶品牌中的应用，就是用消费品营销的逻辑去制定茶企的品牌营销战略（此处战略指本人的"一以贯之的战略"，即从战略到战术、运营的概念）。

消费品营销的战略要点有三个：消费者、市场、竞争者。消费者指茶企产品的定位、设计、营销组合是针对谁，顾客为什么会愿意消费，以及为什么会重复消费？市场是指产品销售半径，即市场范围与层级的界定。竞争者指本品牌的核心优势、利益及核心竞争力究竟是什么？

显然，上述三个做消费品营销必然要研究并决定企业的资源投向、营销组合的战略逻辑，在现有茶企的营销实践中是基本看不到的。这些茶企的营销无非"上三路"加"下三路"："上三路"就是前面所说的"三板斧"，明星代言、概念产品、大媒体；"下三路"指包装设计（VI设计）、招商加盟、品类延伸。

就算茶企将上下三路都做齐，结局也不会比前面所述的已经及准备IPO的品牌好多少，大部分茶企恐怕想年销售额过5000万元都是壕沟，何谈可持续的规模化？

按照做大消费品的营销逻辑，品类茶品牌的诞生只能在五个维度上展开：特产化、地方化、区域化、全国化、全球化。

战略定位	关键驱动力	营销战略	示例品类
特产化	历史、工艺、传说、产区	礼品化包装、价格分级	蒙顶甘露、阳羡雪芽
地方化	地方消费习惯、口感偏好	产品结构化、盈利优化	午子仙毫、太平猴魁
区域化	品牌认知度、口感适应度	大众化、品牌化	黄山毛峰、君山银针
全国化	品牌价格化、价格产品化	细分、渠道、产品	乌龙茶、西湖龙井
全球化	产品品牌化、分销渠道	创新品饮方式、奢侈品化	红茶、创新型绿茶

五个战略方向各有一整套商业模式与营销组合，上表择其要点以示例。

从中国茶现有的品类格局看，绿茶、黑茶里的特产茶、地方茶多一些。其中，绿茶里的长江流域产区，地方化的品类较多；乌龙茶、普洱茶、部分知名绿茶（或品种），有更大的机会实现全国化，红茶有较大的机会与立顿茶等西式红茶对抗。区域化是向全国化过渡的必要阶段，即使是已经具备全国化的品类，目前也必须从区域化市场运作开始。

绿茶里的徽茶、浙茶、苏茶、赣茶、鄂茶，大部分品类品牌能够实现区域化消费稳定已经是很大的成就，冒进全国化必会自尝苦果。但是，乌龙茶，尤其是铁观音、武夷岩茶等，必须采用快速全国化与区域聚焦化相结合的战略。

全球化的中国茶品类，红茶是可以借力打力的品类。随着中国对外交往的频繁及国家（文化）品牌的崛起，用"中国式红茶"向立顿的英式红茶发起"口感革命"是有可能的（当然需要较强的茶企背景或实力）。创新型绿茶也具有全球化的潜力，需要具有较强的研发能力，对物理指标、冲泡方式、品饮方式、产品形态等进行创新（绿茶的这些创新，在国内市场也可以落地）。

示例品类是就目前各品类的现状做出的判断，各品类里的营销创新，还是有机会老树发新芽的，如安吉白茶、安化黑茶等，虽然品类规模化没有实现，但品类知名度还是获得了提升。

每一个品类里的茶企，要认真研究一下品类属性、市场特点、历史基因、消费文化，确定自己品牌的基本定位，再围绕这种定位进行商业模式、营销模式的设计与执行落地。

举例来说，前面提到的可以角逐中国茶顶级品牌的八个品类：**西湖龙井、铁观音、都匀毛尖、普洱茶、武**

夷岩茶、碧螺春、竹叶青、信阳毛尖，是具备了全国化潜力的高端化品类（也是未来全球化的品类，暂时不谈）。

对于茶叶品牌来说，既然"品类品牌"（包括产地认知的品类品牌）是公共资源，那么茶企就必须选择"以产品品牌霸占品类资源"的品牌战略。在品牌命名上，首先必须采用消费者容易理解及记忆的品牌命名，不能为了短期的销售便利，让自己的品牌淹没在品类名称之下——这正是当前所有被品类淹没的品牌的通病。

以对西湖龙井（尽管已采取地理商标保护认知制度）品类的争夺，可以看到茶企品牌化与产品化的结合可谓千奇百怪，消费者分不清楚这些品牌代表的品级，或者说茶企没有将自己拥有的品类资源转变为品牌资产。

有玩单一产区概念的品牌，就有玩将"狮、龙、云、虎、梅"一锅烩的，但是都将自己的品牌淹没在品类名称之下。这些做法，产品价格是标高了，却没有一个走向做大消费品的营销正道。

对于西湖龙井这样的品类品牌来说，并不一定要围绕"狮、龙、云、虎、梅"做品牌命名的文章，可以采用更能与消费者沟通的命名策略，至于放之四海而皆准的"贡牌、御牌"等品名，是一种外强中干式的命名。**中国茶企，对于高端产品的命名规律与技巧，多数无法与现代高端人群及其生活相契合。**

此外，可以在高端化的"西湖龙井"这个茶品类里，切分出一个大众化的"龙井茶"新品类。如果是由一家具备产区资源、资本实力的企业去实行这种产品与品牌战略，那么很有可能，整个西湖龙井、龙井茶的全国化就能逐步真正"落地"实现。

对西湖龙井消费品化逻辑的简单梳理，适用于全国化知名度前20位的中国茶品类，这些已经率先由"历史驱动"（或传统驱动）形成区域化或全国化知名度的品类，都是茶企借势而起、树上生花，打造全国化品类品牌的"祖上资材"。

这样千载难逢的优质资源在手，需要的是按照消费品营销的规律，沿着产品全国化、品牌全国化、渠道全国化、运营全国化的方向，制定企业发展战略与营销组合。一个可以规模化的品类品牌，将在3~5年内拔地而起，在沉迷于传统茶叶经营模式甚至陋习的茶商、茶农、茶企中脱颖而出。

我们可以预测一下，**中国大多数"品类茶"最终的**

品牌生态格局是：

1 个全球化＋全国化的超级品牌（年销售额超 10 亿元）；

2 个全国化的优秀品牌（年销售额超 5 亿元）；

3~5 个区域化（覆盖 2 个省市以上）品牌（年销售额超 1 亿元）；

N 个地方化的茶农、茶商品牌（年销售额 500 万元以上，即现有的茶叶经营主体）；

1~2 个特产化品牌（年销售额 3000 万元以上）。

前三类茶企将控制 60％以上的品类茶资源（茶园与制茶师傅），销量或销售额占品类茶的 75％以上。

现在各地政府对茶产区的投资，就是在为实现这个品牌格局打基础。最终摘得这轮由政府主导的茶基地投资热潮果实的不是政府，也不是资本，而是掌握了按消费品模式打造品类茶品牌，预先在上述品牌生态格局中找准位置并坚持执行的茶企。

这是对中国茶各个品类的一次产业整合与重新洗牌。但仅仅是中国茶消费十种商业模式"变现"的一个方向。当然，也是最惊心动魄、声势浩大的整合运动。

十五

天价代言能否成就茶品牌

　　7 月 13 日，贵州 2012 年国际绿茶博览会上，贵天下茶业公司 880 万元聘请林志玲代言都匀毛尖茶，成为最抢眼的新闻点。贵天下这个新创的茶品牌，成功地放了个卫星，在茶行业内一鸣惊人。

　　梳理一下有关信息（均引自媒体报道）：

　　品牌：贵天下。

　　产品：贵天下·都匀毛尖、贵天下·湄潭翠芽、贵天下·遵义红、贵天下·瀑布毛峰等。

　　运营商：盘江集团，贵州的煤业大亨。

　　品牌代言人：林志玲。

　　TVC 广告：**人生每上一步**，都离不开贵人的扶持。

贵天下都匀毛尖，**给你的贵人喝好茶。这么多小毛毛，真是好茶啊。贵天下都匀毛尖，没有茶毛毛还叫好茶吗？贵天下，领袖级好茶。**

品牌口号：**献给生命中每一位贵人。**

品牌定位：**领袖级好茶。**

产品信息：精选都匀毛尖春茶 6 万斤，万元茶级别；其中，10 万元/斤的领袖级春茶是从 6 万斤中精选出的 517 斤。

销售信息：茶产业由整合前销售额不足 1 亿元提高到 3 亿元，到 2015 年达到 50 亿元，2016 年成功上市。

企业战略：力争用 5 年的时间把贵天下打造成为贵州茶叶的上市公司；用 5～10 年时间**打造中国茶叶界的"苏宁电器"，做中国最大的茶业终端渠道零售商。**

基地信息：**盘江集团与都匀市、湄潭县签订合作协议，**着手打造贵州茶产业的"航空母舰"。

贵天下茶，走的是"戏没火，人先火"的品牌拉动路线，这是财大气粗的玩票式营销。此时没有必要因为 880 万元天价代言费就去否定或赞成。

我是都匀毛尖的拥趸，将都匀毛尖列入可以角逐中国茶顶级品牌的品类，对于贵天下这样敢于用自己的钱，

"产品未出门，品牌天下知"的做法，除了表示佩服，还得为我喜欢的都匀毛尖窃喜，甚至以有这样大胆的企业来证明自己对顶级品类的判断略有得意。我曾向一家重金投入茶行业的上市公司，极力推荐他们去关注、"整合"都匀毛尖。

880万元加林志玲，用"放卫星"的方式为都匀毛尖树立了一个价格标杆，无论贵天下未来是否能赚钱，都匀毛尖是赚了。

价格高当然会有"为丛驱雀"的流弊，但若是整体均价提升，也会让茶商、茶农们更加重视茶的品质。**如果贵天下能够将都匀毛尖的万元茶、10万元茶的等级品评标准详细制定出来，并明白宣示消费者，这对都匀毛尖茶的品级规范及品类认知都是一件好事。**

有标准不代表有认同，而且给目标消费者传播这种品级标准需要的传播手段及成本，比880万元的代言费要高得多。也就是说，贵天下能否因贵得福，还要观其后面的跟进营销措施，但**贵天下至少在提升都匀毛尖品类知名度、品类价格标杆，甚至品级标准上，客观上做了一回都匀毛尖茶乃至整个黔茶产业链上下游的贵人。**

"产品不出门，品牌天下知"，是企业家浪漫冒进的代价。"产品卖天下，品牌自然成"，才是企业营销的成功正道。这是我"动销驱动先于广告驱动"的核心观点。

贵天下的营销战略，能否做到品牌天下知，产品自然销？这是我们探讨"贵天下现象"的目的：这种品牌知名度拉动产品销量的路径，在茶品牌营销里是否可行？

万元茶的消费者无疑是"茶礼特供"，除了这些喝的不买、买的不喝的消费者，没有几个真正的茶客会因为林志玲、青花瓷去喝万元茶。但是，收到万元茶、10万元茶的人会明白送礼者的心意——礼品的价值符号功能。

销售渠道只能是连锁专卖店模式，或者在五星级宾馆、核心商圈、顶级百货商场设立的店中店，或者如国台酒一样利用各种人脉资源，但即使加盟商都有顶级人脉关系，这样的高端茶怎么卖呢？

除了已经灰飞烟灭的普洱茶炒作热，**中国还没有一个茶叶品牌，在万元零售价格上能卖出3亿元**；也没有任何人知道怎么把万元茶1年卖出3亿元；甚至第一年就卖出1亿元，这都是一种浪漫冒进；更没有人知道，1年卖出1亿元万元茶，究竟需要多少专卖店，以及需要多少线上线下费用。

目前为止，**中国茶的天价茶、万元茶除了是一种投**

资型、博眼球的炒作外，没有任何销售上、消费上的意义。

当下中国的茶消费与酒的消费还不相同，万元茶更无法简单类比茅台、五粮液：茅台等是已经被喝下去的数百亿元产品，万元茶还只是茶江湖的一个传说。每年几百亿元的茅台酒不在消费者的肚子里，就在经销商的酒窖里，万元茶多数在茶企的仓库里。

高端茶是中国茶的一个现象，但还不是消费意义上的现实，营销角度上可操作的价格带。原因就是，还没有任何一个茶品牌，在市场营销里"实证"过万元茶（或高端茶）的动销模式。甚至对于各品类茶（都匀毛尖、西湖龙井等）的消费属性、任何一个价格带上的重复消费、惯性消费导向的营销模式，都没有实证的实践、试验及经验。

十六

品类茶消费品化的
六大驱动力

2001 年开始，是中国消费结构化升级的十年，白酒、啤酒、饮料、家电、IT 数码等消费品不断**更新换代、量价齐飞**。

中国茶在这个阶段也开始复兴，市场热潮大致经历了三个有先后又相互叠加的阶段：第一阶段，从绿茶独大到普洱茶、乌龙茶风靡全国；第二阶段，红茶、白茶、黑茶小品类茶频繁抢眼亮相；第三阶段，开始产生初具规模化或走高端路线的品类品牌，以武夷岩茶、铁观音、西湖龙井、都匀毛尖、信阳毛尖等大品类茶为代表。

六大品类、各品类里的细分品种、每个品种里的传统品牌与创新品牌风起云涌，仅红茶就先后出现红岁、金骏眉、金针梅、信阳红等新创品牌，全国各地政府主导扶持的茶项目投资如火如荼，已经及拟上市的茶业公司有近十家，但是中国茶企小、散、弱、乱的基本格局并没有改变。

究其根本原因，**中国茶企/茶品牌营销模式与战略思维的落后是主因**。这种模式落后的本质就是：卖茶文化，而不是卖消费品。没有将茶当作消费品卖有三个核心的经营表现：

1）产品没有标准化，标准也没有稳定化。

2）产品定价随意化，定价也没有策略化。

3）只知招商、开店、卖货，不懂如何做市场、培养品牌客户。

正是由于上述消费品营销战略要素缺失，茶企在包装设计、品牌代言、广告媒体、招商加盟等方面的进步与投资，并没有为**"可持续的快速规模化"**提供强大的驱动力，茶企仍然沉浸在茶文化、茶历史、茶工艺过程、茶道、品饮复杂化（观赏化）等**"小众产品"**营销的思维模式里。

这是当前茶企没有按照"消费品化"进行战略营销组合的主要表现。

如何理解或帮助茶企建立消费品化的品牌营销系统呢？

万丈高楼平地起，**需要建立标准，才能对营销系统进行"战略换芯"，即改造茶企的营销操作系统（Marketing Operating System，简称 MOS）。**

历来说到给茶制定"标准"，指的都是上游、中游的种植、采摘、炒制、定级、储运、包装、茶艺等环节，涉及下游的标准仅仅是品饮流程、连锁加盟，真正从产品、渠道、市场等战略角度为茶品牌制定"营销标准"的还没有。

我们根据消费品的一般规律，结合中国茶消费特点，提出以下六条消费品化导向的品牌营销标准，让茶企可以检讨现有营销战略及做法是否符合快速规模化需要的战略配称。

茶品牌快速规模化的六条标准，是茶品牌崛起的六大杠杆，逻辑上是一个六种驱动力交互作用构成的完整系统。

标准 1：从价格区间定位上直接切入。

无论选择六大类的哪一类，或六大类里的细分品种，无论是沿用传统品牌还是新创品牌，茶企要想实现茶品牌的快速规模化（区域化、全国化），必须先从现有茶消费价格带上为自己的品牌定位，即先在某一个价格带上做出拳头产品，建立产品口碑，形成品牌影响力。不要沿用现在的价格从高到低全覆盖，却没有"价格重心"的做法。

标准2：改变传统的定价陋习，提供高性价比的产品。

茶企当前最致命的问题是产品定价错误，导致产品性价比不高，无法形成稳定品种及消费者口碑。动辄万元/斤（包括拆零后的小包装、礼品装）的标杆产品，只会让自己变成"义勇军"——以当下中国茶消费的价格承受能力看，万元茶还无法形成"高位放量"。以万元茶做品牌标杆，只会让自己陷入"上下受气"的僵局。

茶产品的定价策略，必须改变目前流行的"杀鸡取卵"式的定价思维，采用"田忌赛马"的孙子兵法定价策略，要敢于突破行业惯例，从消费者利益最大化角度提供超值的、超高性价比的拳头产品，才能杀出一条血路。

不要总想着找个明星代言人，茶的价格就可以飞上天，消费者不是傻瓜，蒙骗消费者的结局是自己挖坑埋自己。

标准 3：先在一个价格带上做出放量的拳头产品（核心品种），形成口碑效应，即声誉产品。

品类、品种、产品包装形态、形式上的多少不是问题，真正的问题是公司的核心品种销量是否可以占到公司销售额的 50% 或以上，这才是拳头产品的基本定义。不是要将打造核心品种与产品系列化、多元化对立起来。产品只要按照策略化、结构化两大战略导向进行规划，精简与系列化、核心与多元化就不是问题。

标准 4：深耕区域市场，密集布点，形成品牌优势。

当下中国的招商加盟泥沙俱下，大部分是只招商，不养伤；只想圈钱，不管动销。茶品牌的招商加盟也没有脱离这个痼疾。纵观所有形成规模化乃至超级品牌的行业或品类，有哪个是在做这种"竭泽而渔"式的圈钱招商的？有几个以经销商或加盟商为刍狗的企业，能够做大做强的？

地方化、区域化、全国化三个维度，都需要茶品牌按照消费品营销的规律，将区域市场做熟做透，而不是随机撒点、自生自灭。将布局与做点结合，在做点中深化布局，在布局中连点成面，形成品牌优势，是茶企营销的首要战略。

深耕区域的核心就是一句话，也是适用中国消费市场的基本战略：**不布局只做点，点死局破；有布局兼做点，方能以点带面，点面皆活。**

标准5：培养回头客与自点率。

怎样衡量消费品的顾客忠诚度？靠的就是两大指标：回头客（专业术语：重复购买率）、自点率（专业术语：品牌偏好度）。电商则使用了流量、转化率、客户培育漏斗等术语，本质上也是为了实现这两个指标。要做成强势消费品的产品或品牌，这两个指标是两道底线。

茶品牌如何培养回头客，增加自点率？首先是改变"看客出价"的茶行陋习。茶企不要将消费者当傻瓜，不要以为用文化、故事可以忽悠茶客，失去一个客户的代价是极大的。茶企必须痛下决心、洗心革面，与忽悠推销告别，才能走上真正的品牌之路。

当然，如何做不是一两句话可以讲完的，但茶企至少可以先有真正的消费者导向的科学意识，逐步掌握消费品销售技巧，提高销售的含金量。

标准 6：融入日常生活。

市场现实已经证明，茶企请代言人提升品牌形象的"外延＋知名度"策略，不能解决茶企可持续发展的问题。就茶消费市场的现状来看，明星代言茶品牌除了吸引眼球与加盟商，产品动销上的价值很小。

如果茶品牌仅仅靠"上下三板斧"（"上三路"：明星代言、概念产品、大媒体；"下三路"：包装设计/VI设计、招商加盟、品类延伸）就能解决茶品牌快速规模化的问题，中国茶至少可以达到中国白酒的行业规模（2011 年为 4000 亿元）。

目前茶企的品牌化，都是在走礼品化、聚焦目标人群的路线，个别红茶企业喊出时尚化、大众化的口号，实际做法仍然是"专卖店＋工夫茶"式的烦琐品饮模式。这些做法是产品用途化的一种尝试，但千军万马在一个小池塘里抢鱼，反映的是视野狭窄、战略目标错位。

茶的消费品化原理简单，与一般消费品的营销逻辑一样，做起来却很难，至今也没有看到有茶企真正研究并做出准确判断：**茶在不同收入、性别、年龄、职业、**

区域等人群消费者生活里，究竟扮演什么样的角色？还有哪些生活空间是茶产品可以填充的？当前每年 500 亿元茶消费的价格—销量结构如何？价格区间比例变化趋势及关键驱动力是什么？

只有把市场结构、消费驱动力等问题研究清楚，与产品品牌的战略定位、营销组合、市场运作相结合，才能有真正可以驱动消费者购买产品的大创意（Big Idea）。否则，这种依靠代言人、凭借空洞的产品 USP、自说自话式的创意，恐怕最后是竹篮打水一场空。

想快速做大规模、在品类中脱颖而出的茶企/茶品牌，上述六条茶消费品营销标准是打造强势茶品牌的核心驱动力，也是绕不过去的六道营销坎。

过了六道营销坎，或者说以六大驱动力为增长引擎的茶品牌，才能真正与众不同、脱颖而出，显示出王霸之相，快速一骑绝尘。

十七

茶叶品牌的零售基因

1. 苦熬与沦落

茶叶渠道品牌与产品品牌是中国茶叶营销的两大对象。从茶叶现状看，实现初步规模化的茶叶品牌大部分是渠道品牌，如天福、吴裕泰、八马等，产品品牌很少，竹叶青是此类品牌的代表。

茶企纠结在单一品类/品种品牌零售店单店营业额低与不得不沦为渠道品牌的纠结之中。沦为渠道品牌，意味着丧失成为品类代表或领导品牌的机会，坚持单一品类或品种，零售店又很难提升营业额，单店的可持续发展或生存都会困难，何谈品牌建立？

苦熬还是沦落？现状的答案不言而喻。有没有第三条道路？让我们回归茶叶消费的特性及零售本质，探讨茶叶零售品牌模式的现状与创新（这里不包含网购渠道及品牌）。

茶叶是物品，只能按照各种 SKU（标准存货单位）的倍数进行售卖，主要有两大类形态：散茶以 50g 为最小售卖单位，或独立包装（普洱饼、砖）、小包装（4～8g/袋）组合。无论茶叶企业走产品品牌还是渠道品牌的道路，原叶茶只有这两种售卖形态。因此，**要塑造茶叶品牌，必须从破解茶叶零售问题找到落脚点与突破口。**

2. 熟客型与新客型

零售有零售的规则与规律。因循于传统的企业，往往缺乏从零售本质角度的市场洞察。

中国零售业的发展轨迹是：1991 年前后，有大工业，没有大流通；1996 - 2001 年，有大企业，没有大零售；2002 - 2007 年，大零售主宰大企业；2007 年起，网购挑战实体大零售。这是中国消费品零售的主流渠道及其演化趋势。

中国茶叶却是游离在这个主流渠道之外的消费类商品，也是茶叶"消费品化"程度低、毛茶散货交易占主导地位的原因，中国茶叶的零售并未破局——现代零售及其技术还没有"改造"传统的茶叶零售形态（业态＋技术）。

茶叶渠道品牌（这里渠道品牌指连锁类零售品牌，下同）有以下六种形态：

（1）品类渠道品牌：大益、七彩云南、八马、华祥苑等，普洱茶、武夷岩茶、金骏眉等的热炒，带动了单一品类连锁品牌的崛起。

（2）品种渠道品牌：黄山毛峰集团、安溪铁观音集团（凤山）、祁门红茶集团等单一品种的渠道品牌。

（3）产品渠道品牌：以竹叶青为典型代表，门店补充产品以茶器、食品（如月饼等）等为主，不销售非竹叶青的其他茶品种。

（4）综合性渠道品牌：吴裕泰、天福等，以一个品类或品种为主,多品类并存。

(5)单体茶叶店:六大茶类都有涉及,以售卖当地消费品种为主或茶农直销的非连锁单体店。

(6)茶叶市场、茶城里的铺位:综合性茶叶集散(批销)商业场所,北京马连道茶城、广州芳村茶叶市场、贵阳花果园(太升)茶叶市场等。

现有的茶叶零售形态,意味着茶叶消费者(单位采购、送礼除外)必然被归入两类:品类(含品种、产品)茶的粉丝或习惯性购买,都是熟客型购买。这就是中国茶的战略困境在零售层面的表现,即现有茶叶品牌的零售基因:茶叶变成了小众的、熟客的消费品,而不是大众的、新客的消费品。

在这种零售基因驱动下,再积极的政府扶持,再大的上游投资,再敢砸钱的代言人与品牌传播,再忠诚的茶客拥趸,都不能改变中国茶叶消费或趋向萎缩(年轻人茶叶消费频次低),或趋向畸形(天价茶),或停留在小众的宿命,连锁专卖店也必然是一个无法聚沙成塔、靠水平增长驱动的"沙漏"。

3. 死结

这两种消费品有什么差异？拿几种消费品的零售形态做比较就能明白：

项目	人流量	随机性	客单价	周转率	毛利率	零售形态	典型零售品牌
指标释义	人流量是零售的基础	冲动型购买倾向越大，零售额越高	平均预期消费金额	顾客重复光顾或购买的时间间隔	商品的毛利	零售终端的类型及密度	
评估方法	大 中 小	高中低	高中低	短中慢	高中低	高中低	
食品	大	高	低	快	低	高 KA、标超、CVS、夫妻店	沃尔玛、苏果、7–11
零食	中	高	中	中	中	中连锁店	来伊份
家电	中	低	高	慢	中	高连锁店	苏宁、国美

项目	人流量	随机性	客单价	周转率	毛利率	零售形态	典型零售品牌
数码	大	中	高	慢	高	低 电脑城 专柜	天河数码城、美罗城、太平洋电脑城
女鞋	大	高	中	中	高	高 百货专柜、连锁店	巴黎春天、百丽系列
男鞋	小	低	中	慢	高	低 百货专柜	老人头
茶叶	小	低	高	慢	高	低	

零售五要素必须建立"协同互馈"而不是"相互背反"的关系，才能形成可持续的零售形态，并诞生规模化的品牌。

人流量、随机性、周转率与客单价、毛利率的关系，决定着零售形态（种类与密度）。前三者越高，零售店的形态就越丰富。反之，零售形态就比较单一。前三者是零售额的决定因素，后两者是盈利率的决定因素，零售总体来说是先做流水后求盈利。

流水不大的零售，客单价与毛利率必须高，否则难以为继；如果五项指标都高，那就是黄金零售商品。

最好的零售形态是什么？百丽代表的女性消费。最不好的零售是什么？男鞋。

家电、数码为何不如女鞋？随机性与周转率两项指标相对较差。

零食为何能从食品里独立出来变成一个可以连锁的品类？

零食有高随机性，来伊份袋装价格散装卖的产品策略，满足了零食随机性搭配的便利性，密集开店策略（商圈店、街边店、社区店）改变了连锁店人流不足的劣势。

明白了上述零食的本质，再来看茶叶零售的状况，就能清楚**茶叶零售的问题所在：人流量低，必须追求客单价与高毛利；但客单价、毛利高意味着顾客的随机性差，加上周转率低，对毛利需求会更大；随机性差及单店营业收入低，零售店无法进入高质量商圈，人流量更少，必然退化为靠熟客（包括团购）维持**——茶叶零售的一切怪象、陋习，皆因于此。

天福茗茶为何成为中国茶叶零售最好的品牌？"三板

斧"："傍大款"（与家乐福同步开店）、平价为主、起步早。如今这三个因素都不再具备，后发品牌已没有时间的先机，渠道门槛很高。

七彩云南曾在高档商圈开店，很快铩羽而归，没有人流量与营业收入，高档商圈开店必然亏损。大部分连锁加盟店选择街边店、社区店，人流量与营业收入依然较低，靠着高毛利勉强维持。

显然，**现有的茶叶零售形态皆陷入"零售要素背反"的"死结"之中。**

破局三原则：

第一原则是解决"茶叶的消费品化"问题。

第二原则是深刻认识零售的本质，即零售五要素之间的逻辑关系。

第三原则是在产品形态、零售业态、零售技术三者之间选择适合自己品牌的零售商业模式。

变轨新生还是继续沉沦？这个哈姆雷特式问题，需要茶企自己去选择、设计与创新。

十八

中国茶道本真

　　过去的中国茶是文人茶、贵族茶、皇家茶，茶文化代表的是古代权贵阶层的生活方式。今天及未来的中国茶要想有出路，必须融入并代表富裕起来的中国人的生活方式。这是中国茶营销的真正难题。

　　中国茶是世界茶的源头，但是最近 300 年却成了最没有茶文化的地方，因为中国的茶文化没有与主流社会的茶消费有机结合，所谓的茶文化变成了茶历史的回声。打个比喻，没有融入当代主流生活的茶文化，就像文物展览，表现的是对历史遗留的记录与喜恶。

　　当日本高举茶道进入世界的时候，中国茶道反而失去了声音；当台湾地区茶人把二手日式茶道回流到中国大陆的时候，茶界内外对此并不认同，因为无论日式茶道、英式茶道、台湾地区茶道，都不是中国文化本真，都不是从中国文化哲学的根基里生长，又能融入当代中国人主流生活的茶之道。

中国茶道的本真究竟是什么呢？民国一代老茶人改造日式茶道的"和静清寂"，提出"和静清俭"，用一个俭字替换日式茶道的寂字。

勤俭节约是中华民族的传统美德，但俭本身未必是人类生活的本真与应然，"俭"字本身并不足以概括中国人生活的内容与目标，也不适合作为中国人生活的名片与世界交流。

老子说"治人事天，莫若啬。"这个啬并不是指吝啬，而是要求有权有钱者自律，不要多欲妄为，贪婪奢靡。中国人自春秋时代起的人际交往文化，推崇的是一种真心相待、把最好的东西与知音分享的精神。无论是庙堂还是江湖或是民间，遇到客人来，都是把自己最好的东西拿出来招待客人，甚至宁可自己节省，也不要怠慢客人。

茶，无疑是中国人待客文化里最重要的、最频繁使用、最大量的物品之一。

由于历史的原因，中国茶的消费品化在最近100年反而落后于世界很多喝茶的国家，比如英国、土耳其、日本等。但历史资料都显示，在宋、明、清时代，中国茶都是全民普及、上层追求的日常饮品。

今天的中国，无疑正在恢复中国茶昔日的生活角色，也在升级中国茶的文化属性。中国茶道本真，应该从中国茶自然（生态文明）、制法（技艺文明）、历史（物质文明）、文化（精神文明）的全面梳理中，寻找与当代中国人生活、精神的结合点，而且必须代表时代精神与未来趋势。

由此而论，中国茶道本真需要在"五性三维"的思维视角下，提炼各家各派的独特气质与内容。

中国茶的"五性"是指基于茶物质形态的五种特性，分别是：

中国茶的第一属性，地理自然属性。有山有水才有茶，一方水土一方茶，不同的制法、技艺也是地理自然属性的一部分。

世界万象，品类众多，万物各有其时，万物各有其性，万物各有其命，万物各有其运。时、性、命、运，相生相克，但都不是万物的第一性，万物的第一基因都是它的地理自然，由此第一基因衍生时、性、命、运。

中国茶的第二属性，健康属性。茶这一片树叶对近300年人类健康的意义还是被严重低估，茶叶的健康属性被低估。

近100年来对茶叶物质成分的科学研究，不仅解开了茶叶健康的奥秘，还解开了茶叶与人类身体匹配度的奥秘。茶多酚是最好的抗氧化物质，帮助人体清除自由基，有效降低癌病的患病率。

中国茶的第三属性，审美属性。以中国为代表的东方文化，或所谓的汉文化影响圈（中国、日本、韩国、东南亚），有长达2500多年的基于生活经验的审美经验系统，从衣食住行到文学、艺术、物质、精神，都积累了庞大细致的元素与符号。茶的审美性就像衣饰的审美性一样，是茶天生具备的文化基因。

东方的审美生活与审美经验较发达，西方在近代以来，在美学体系的构建上进步更大，法兰克福学派将美学上升到政治学，这是蔡元培提倡"美育"教育的来源与背景。反观中国茶，有丰富的审美元素，在美学体系的构建上还很欠缺。

中国茶的第四属性，文化属性。文化是历史与现实的总和，善恶美丑好坏皆有。死去的、活着的历史所成物事，都是文化；有用和好的文化，是文明。文明让族群拥有走向未来的钥匙。中国的茶文化历史悠久、丰富、博大，中国茶的文明之路才刚刚开始。

中国茶的第五属性，社交属性。自古至今、从中到外，社交性是茶消费的核心驱动力。坏消息是，今天的中国茶还只在古代社交的维度展开；好消息是，迄今为止，还没有任何企业触及社交性之为商业价值的根本。努力吧，中国茶！这里有通向未来的茶密码，有成为独角兽乃至世界级巨人品牌的钥匙。

中国茶的"三维"是指基于"五性"的三个思想维度：

第一维，空间维度。

茶园、茶庄园、茶山（茶旅）、茶叶店、茶馆、茶会所、茶社、茶舍、茶酒吧、茶艺馆、茶席、茶会、茶宴……

茶的新零售，比任何行业的空间都大。

第二维，时间维度。

空间无限，时间有限。时间是生命存在的真实落脚点，时间是价值落地的终极战场，参透茶的时间密码，才能开启茶消费的奔流。从柴米油盐酱醋茶，到琴棋书画茶酒诗，喝茶、品茶、斗茶、早茶、下午茶、晚茶，茶的时间内容还很欠缺。

第三维度，符号维度。

茶的"所指"与"能指"，都是可以无限演绎衍生的符号系统。茶的表达：五感、情感、琴棋书画、艺术、文学、诗歌、舞蹈、雕塑、景观的无界融合，茶格调（Freestyle）的自由呈现，茶与酒、烟、食及中西古今的无限混搭。也只有无极限这个词，是茶符号系统的核心特质。

中国茶道绝不能去追随日本茶道的仪式化、神秘化、超俗化（哲学化），这些不是中国茶道的精神。

中国茶道的精神植根于中国人的生活、文化、哲学（或曰意识形态，文化层面的含义），即天人合一的生活观与世界观，体现为四个合一：

自然与自然的内在合一（物物相生）：茶叶是天地日月风雨阳光的造化。

自然力与人为力的合一（人物相生）：茶叶制作是人工与物性的合一。

个人身体与精神的合一（身心相生）：品茶的过程是

内心的喜悦与和谐。

人与人之间关系的合一（人我相生）：一杯茶，三生情；相见欢，味尽兴。

这种天人合一的生活方式、精神气质（历史积淀的文化意识），是日本生活、文化及日本人性所没有的禀赋。

中国茶消费崛起的背后，必须是中国人的生活方式与生命哲学。

中国茶是活泼自然的，讲究的是茶叶在冲泡与品饮过程中的愉悦，而不是要从外部给品饮过程以某种意义。

从这个角度说，中国茶文化的本真，虽然没有如英式下午茶那样成为社交生活的助兴饮品，但仍然保存在小众好茶客的生活方式之中。

要复兴中国茶，核心就是研究如何让中国茶的社交性在日常生活中自然呈现，成为一种生活方式。

乌龙茶，就植根于闽粤两省百姓的日常生活方式之中。乌龙茶在闽粤之外的品牌拓展，就会碰到离开本土作战的困境。最近轮番热炒的普洱、白茶、黑茶、红茶，都存在脱离日常消费土壤的问题。因此，炒作无文化，产品无根基，品牌难落地。

茶企如果意识到中国茶消费还处在初级阶段，而不是以悠久的茶历史妄自标榜，才能树立市场及消费的培育、落地精耕的战略意识。由此，茶品牌的全国化路径，也才能由文化的空想落到市场的现实。

说一千，道一万，中国茶是先人与大地留给中国茶人的无尽宝藏。

中国茶产业链的各路主体，尤其是茶叶渠道商，并没有生存问题，严格地说也不是发展问题，而是茶产业链各环节利益的重新分配问题。如果茶农得不到应有的回报，茶农（含种、炒环节）分享不到茶叶溢价的利益，茶叶的品质、标准化、持续性都是一句空话。这些源头问题不解决，光靠广告、包装、渠道（招商加盟），只会让茶品牌离日常消费越来越远，甚至离真正的茶客越来越远，这样不会诞生强大有根的茶品牌。

消费品化、规模化、零售化，是打造茶品牌战略的营销逻辑。舍此，只能是混乱现状的轮回。

中国茶道的本真，需要中国茶品牌深入领会、认真琢磨，才能找到接地气的生根壮大基因。

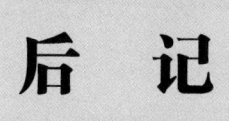

后　记

当年，看了系列文章的很多茶企都来找我谈过，我并没有做成茶企的咨询生意，却从一个消费者、研究者一脚踏入了"茶圈"，与聚芳永钱晓军、乐泡叶扬生、茶香书香罗军、作家刘杰、茶业复兴周重林等人交流频繁。

在茶圈里，见到最多的是各种茶道、茶服、茶具、茶历史等，以至于张口茶文化、闭口乱开价让很多消费者对茶叶店望而生畏。通过这个上海茶人圈（我们有个杭州、上海帮小群，因为一起吃饭而相聚），后来认识了因味茶缪钦、"说茶"出品人赖晓东、诗人雪漪、资深茶培训师卡卡、无邪创始人修磊、咖门路文兵、湖南卫视茶频道及《洞察》栏目组的朋友们。

在这个茶人圈里，叶扬生专门研究各种不同的茶叶、用多少水、什么温度、冲泡多长时间，可以出一杯既好喝、营养物质析出最多，并且把这些数据固化在他的乐泡机芯片里，用户一键就能得到一杯好喝又不贵的茶汤。

钱晓军是上市公司深深宝旗下杭州聚芳永的董事长，旗下有西湖龙井、九曲红梅、福海堂、TeaBank、深宝茶行等。钱晓军是茶研所科班出身的资深茶叶专家，聚芳永在杭州的茶叶实验室，有很多高端检验试验设备，对茶叶、水质等进行各项数据分析，如不同酸碱度的水冲泡不同茶叶及出汤的理化指标分析。

罗军的国茶实验室体现了更大的目标：要对中国各类茶种进行样本搜集、品评、研究。2016 年年初，罗军把他对中国茶多年的亲证研究、对中国茶的情怀、运营茶香书香品牌的思考，都融入在著作《中国茶密码》里。

没认识罗军之前，我专门去过茶香书香门店。通过产品认识企业，是我多年营销咨询的职业习惯：从产品（包括服务性产品）这一滴水，可以看到一个企业经营的全部，它的经营理念、意志、品位、管理、文化、绩效。

茶香书香给我的第一印象是惊艳。看似随意的四个书法体字品牌 LOGO，完整地传递了茶与书的精髓：舒展、轻松，与茶香书香的品牌定位、目标人群都高度吻合，摒弃了中国茶包括茶馆设计里过度"中国化"（刻意的古色古香等）的窠臼，一个时尚化、年轻化、偏女性化、轻松化的茶空间呈现了出来。

茶馆设计时尚简约，有冰饮的泡沫打奶茶，如星巴克里的明星单品卡布奇诺，由融入茶道的烤茶师冲泡出一杯恰到好处的茶汤，店内有两三个书架，放着不少茶书。

店内桌椅陈设的格局没有特别之处，茶饮设计花了一番心思。在2013年，一茶一座舍茶而餐饮化，茶香书香正好接上"新中式茶馆"路线，对它有"中国星巴克"的预期也在情理之中。

读过罗军的《中国茶品鉴图典》《舌尖上的中国茶》，但《中国茶密码》，让我对罗军刮目相看。

《中国茶密码》可能是迄今读到的对中国六大茶种制法、香气来源、历史流变等，最亲切、最平实、最精到、最真切的阐述，令人耳目一新。

最特别的是对一杯茶好喝的完整解析：茶叶的第一感官是香，罗军谈到了闻香与品香（我感觉叫"味香"更准确）的区别，即茶的气体部分与水汽部分，包括干茶香、冲泡香，即茶汤喝下去后的回味香（余香）。

茶的味觉，主要是苦、涩、鲜、甜的均衡。其中，鲜、甜中和苦、涩的味道。茶的鲜味取决于氨基酸的多少，其中茶氨酸是主要的鲜味物质。

茶氨酸是阳光、水土作用于植物的产物。好茶叶都种在山坡上，其中，迎阳的山坡茶叶品质更好，就是因为白天阳光照射后，茶树叶合成氨基酸，在太阳落山后，土壤温度降低，茶树根部的呼吸作用减弱，茶氨酸的保留量更多，茶叶的鲜爽度就会更高。

高山云雾出好茶，指高海拔茶树里的氨基酸更丰富，若有大树遮阴、云雾遮挡，阳光稀疏照射，茶树合成的氨基酸含量更高。

上述对茶叶鲜爽的分析，显然超越了一般茶农的经验，上升到了科学分析的高度，对于认知好茶、种出好茶、寻找好茶都有指导意义。一张"茶叶呈味物质示意图"，凝结了中国茶人多少研究成果。

罗军用多年的亲证，引入人体味觉、健康物质等现代科学维度，分析茶叶营养性、呈味感觉等，将一杯好喝的茶、健康的茶引入生活，体现的是罗军此书想传达的两个核心观点：

其一，茶的文明史是人类战胜苦涩的历史。这句话作为茶香书香的品牌标语被使用。

其二，茶不仅是魔力之水，更是福利之水，是上天赐予我们的一项福利。

对于上面两个核心论点，我无保留地同意，尤其是茶是福利之水的观点，值得中国茶人深思。

罗军是茶界里"消费者感官论"的代表：一片树叶落入水中，改变了水的味道，从此有了茶。这句话被《茶，一片树叶的故事》作为篇头语，放在《中国茶密码》的封面上，反映了罗军的茶学观"以终为始"的特色，从喝茶的感知反向溯源，打通一片树叶到一杯好茶的"消费者价值链"。这个视角非常独特，体现了新一代茶人的思维高度。

柴米油盐酱醋茶，中国人的开门七件事，为什么茶被列入最后一项？在温饱尚且未能满足的时代，特别是乱世，喝茶是一件奢侈的事情。喝茶兴，必然是太平年代、人民富足。

当下的中国，茶叶从奢侈品到日用品的历程才刚刚开始，茶业的复兴才开了个头，中国茶道需要新一代茶人的才情与匠心，让世界重新认识丰富博大的中国茶。

　　罗军在《中国茶密码》的扉页上写道：茶是有生命的。

　　我也以一句话写在《营销中国茶》的最后：

　　中国茶是有生命力的。

2018 年 4 月 21 日

推荐作者得新书！

博瑞森征稿启事

亲爱的读者朋友：

感谢您选择了博瑞森图书！希望您手中的这本书能给您带来实实在在的帮助！

博瑞森一直致力于发掘好作者、好内容，希望能把您最需要的思想、方法，一字一句地交到您手中，成为管理知识与管理实践的桥梁。

但是我们也知道，有很多深入企业一线、经验丰富、乐于分享的优秀专家，或者忙于实战没时间，或者缺少专业的写作指导和便捷的出版途径，只能茫然以待……

还有很多在竞争大潮中坚守的企业，有着异常宝贵的实践经验和独特的洞察，但缺少专业的记录和整理者，无法让企业的经验和故事被更多的人了解、学习……

对读者而言，这些都太遗憾了！

博瑞森非常希望能将这些埋藏的"宝藏"发掘出来，贡献给广大读者，让更多的人从中受益。

所以，我们真心地邀请您，我们的老读者，帮我们搜寻：

推荐作者

可以是您自己或您的朋友，只要对本土管理有实践、有思考；可以是您通过网络、杂志、书籍或其他途径了解的某位专家，不管名气大小，只要他的思想和方法曾让您深受启发。

可以是管理类作品，也可以超出管理，各类优秀的社科作品或学术作品。

推荐企业

可以是您自己所在的企业，或者是您熟悉的某家企业，其创业过程、运营经历、产品研发、机制创新，等等。无论企业大小，只要乐于分享、有值得借鉴书写之处。

总之，好内容就是一切！

博瑞森绝非"自费出书"，出版费用完全由我们承担。您推荐的作者或企业案例一经采用，我们会立刻向您赠送书币 1000 元，可直接换取任何博瑞森图书的纸书或电子书。

感谢您对本土管理原创、博瑞森图书的支持！

推荐投稿邮箱：bookgood@126.com　　推荐手机：13611149991

1120 本土管理实践与创新论坛

这是由100多位本土管理专家联合创立的企业管理实践学术交流组织,旨在孵化本土管理思想、促进企业管理实践、加强专家间交流与协作。

论坛每年集中力量办好两件大事:第一,"**出一本书**",汇聚一年的思考和实践,把最原创、最前沿、最实战的内容集结成册,贡献给读者;第二,"**办一次会**",每年11月20日本土管理专家们汇聚一堂,碰撞思想、研讨案例、交流切磋、回馈社会。

余伟辉　李小勇　苗庆显　孙　巍　陈继展　全怀周　林延君
王清华　初勇钢　陈　锐　高继中　聂志新　黄　屹　沈　拓
徐伟泽　潦　寒　谭洪华　崔自三　王玉荣　蒋　军　侯军伟
黄润霖　朱伟杰　金国华　吴　之　葛新红　周　剑　崔海鹏
李治江　陈海超　柏　龑　唐道明　刘书生　朱志明　曲宗恺
杜　忠　黄渊明　王献永　范月明　吕　林　刘文新　赵晓萌
张　伟　韩　旭　韩友诚　熊亚柱　秦海林　孙彩军　刘　雷
贺小林　王庆云　黄　娜　俞士耀　田　军　丁　昀　张小峰
黄　磊　罗晓慧　赵海永　伏泓霖　任彭枞　梁小平　鄢圣安
马方旭　乐　涛　杨晓燕　欧阳莉华　陈　慧　张　璐

企业案例·老板传记

书名．作者	内容/特色	读者价值
你不知道的加多宝：原市场部高管讲述 曲宗恺　牛玮娜　著	前加多宝高管解读加多宝	全景式解读，原汁原味
借力咨询：德邦成长背后的秘密 官同良　王祥伍　著	讲述德邦是如何借助咨询公司的力量进行自身与发展的	来自德邦内部的第一线资料，真实、珍贵，令人受益匪浅
娃哈哈区域标杆：豫北市场营销实录 罗宏文　赵晓萌　等著	本书从区域的角度来写娃哈哈河南分公司豫北市场是怎么进行区域市场营销，成为娃哈哈全国第一大市场、全国增量第一高市场的一些操作方法	参考性、指导性、一线真实资料
六个核桃凭什么：从0过100亿 张学军　著	首部全面揭秘养元六个核桃裂变式成长的巨著	学习优秀企业的成长路径，了解其背后的理论体系
像六个核桃一样：打造畅销品的36个简明法则 王　超　范　萍　著	本书分上下两篇：包括"六个核桃"的营销战略历程和36条畅销法则	知名企业的战略历程极具参考价值，36条法则提供操作方法
解决方案营销实战案例 刘祖轲　著	用10个真案例讲明白什么是工业品的解决方案式营销，实战、实用	有干货，真正操作过的才能写得出来
招招见销量的营销常识 刘文新　著	如何让每一个营销动作都直指销量	适合中小企业，看了就能用
我们的营销真案例 联纵智达研究院　著	五芳斋粽子从区域到全国/诺贝尔瓷砖门店销量提升/利豪家具出口转内销/汤臣倍健的营销模式	选择的案例都很有代表性，实在、实操！
中国营销战实录：令人拍案叫绝的营销真案例 联纵智达　著	51个案例，42家企业，38万字，18年，累计2000余人次参与……	最真实的营销案例，全是一线记录，开阔眼界
双剑破局：沈坤营销策划案例集 沈　坤　著	双剑公司多年来的精选案例解析集，阐述了项目策划中每一个营销策略的诞生过程、策划角度和方法	一线真实案例，与众不同的策划角度令人拍案叫绝、受益匪浅
宗：一位制造业企业家的思考 杨　涛　著	1993年创业，引领企业平稳发展20多年，分享独到的心得体会	难得的一本老板分享经验的书
简单思考：AMT咨询创始人自述 孔祥云　著	著名咨询公司（AMT）的CEO创业历程中点点滴滴的经验与思考	每一位咨询人，每一位创业者和管理经营者，都值得一读
边干边学做老板 黄中强　著	创业20多年的老板，有经验、能写、又愿意分享，这样的书很少	处处共鸣，帮助中小企业老板少走弯路
三四线城市超市如何快速成长：解密甘雨亭 IBMG国际商业管理集团　著	国内外标杆企业的经验+本土实践量化数据+操作步骤、方法	通俗易懂，行业经验丰富，宝贵的行业量化数据，关键思路和步骤
中国首家未来超市：解密安徽乐城 IBMG国际商业管理集团　著	本书深入挖掘了安徽乐城超市的试验案例，为零售企业未来的发展提供了一条可借鉴之路	通俗易懂，行业经验丰富，宝贵的行业量化数据，关键思路和步骤

企业案例·老板传记

互联网＋

	书名·作者	内容/特色	读者价值
互联网＋	**新营销** 刘春雄 著	新营销的新框架体系是场景是产品逻辑，IP是品牌逻辑，社群是连接逻辑，传播是营销逻辑	助力品牌商实现由传统营销到新营销的理念和行动的跨越，助力企业打赢升级转型之仗
	企业微信营销全指导 孙巍 著	专门给企业看到的微信营销书，手把手教企业从小白到微信营销专家	企业想学微信营销现在还不晚，两眼一抹黑也不怕，有本书就够
	企业网络营销这样做才对：B2B 大宗B2C 张进 著	简单直白拿来就用，各种窍门信手拈来，企业网络营销不麻烦也不用再头疼，一般人不告诉他	B2B、大宗B2C企业有福了，看了就能学会网络营销
	互联网时代的银行转型 韩友诚 著	以大量案例形式为读者全面展示和分析了银行的互联网金融转型应对之道	结合本土银行转型发展案例的书籍
	正在发生的转型升级·实践 本土管理实践与创新论坛 著	企业在快速变革期所展现出的管理变革新成果、新方法、新案例	重点突出对于未来企业管理相关领域的趋势研判
	触发需求：互联网新营销样本·水产 何足奇 著	传统产业都在苦闷中挣扎前行，本书通过鲜活的案例告诉你如何以需求链整合供应链，从而把大家熟知的传统行业打碎了重构、重做一遍	全是干货，值得细读学习，并且作者的理论已经经过了他亲自操刀的实践检验，效果惊人，就在书中全景展示
	移动互联新玩法：未来商业的格局和趋势 史贤龙 著	传统商业、电商、移动互联，三个世界并存，这种新格局的玩法一定要懂	看清热点的本质，把握行业先机，一本书搞定移动互联网
	微商生意经：真实再现33个成功案例操作全程 伏泓霖 罗晓慧 著	本书为33个真实案例，分享案例主人公在做微商过程中的经验教训	案例真实，有借鉴意义
	阿里巴巴实战运营——14招玩转诚信通 聂志新 著	本书主要介绍阿里巴巴诚信通的十四个基本推广操作，从而帮助使用诚信通的用户及企业更好地提升业绩	基本操作，很多可以边学边用，简单易学
	互联网精准营销：创造爆发式的商业价值 蒋军 著	怎么在互联网时代整体策划、包装品牌和产品，并在此基础上为企业设计商业模式，技术实现与运营落地	为有基础的小微企业（大企业的新项目）1年实现销售额过亿，2年对接资本，3年左右准IPO
	今后这样做品牌：移动互联时代的品牌营销策略 蒋军 著	与移动互联紧密结合，告诉你老方法还能不能用，新方法怎么用	今后这样做品牌就对了
	互联网＋"变"与"不变"：本土管理实践与创新论坛集萃·2016 本土管理实践与创新论坛 著	本土管理领域正在产生自己独特的理论和模式，尤其在移动互联时代，有很多新课题需要本土专家们一起研究	帮助读者拓宽眼界、突破思维

	书名·作者	内容/特色	读者价值
互联网＋	创造增量市场:传统企业互联网转型之道 刘红明 著	传统企业需要用互联网思维去创造增量,而不是用电子商务去转移传统业务的存量	教你怎么在"互联网＋"的海洋中创造实实在在的增量
	重生战略:移动互联网和大数据时代的转型法则 沈 拓 著	在移动互联网和大数据时代,传统企业转型如同生命体打算与再造,称之为"重生战略"	帮助企业认清移动互联网环境下的变化和应对之道
	画出公司的互联网进化路线图:用互联网思维重塑产品、客户和价值 李 蓓 著	18个问题帮助企业一步步梳理出互联网转型思路	思路清晰、案例丰富,非常有启发性
	7个转变,让公司3年胜出 李 蓓 著	消费者主权时代,企业该怎么办	这就是互联网思维,老板有能这样想,肯定倒不了
	跳出同质思维,从跟随到领先 郭 剑 著	66个精彩案例剖析,帮助老板突破行业长期思维惯性	做企业竟然有这么多玩法,开眼界

行业类:零售、白酒、食品/快消品、农业、医药、建材家居等

	书名·作者	内容/特色	读者价值
零售·超市·餐饮·服装	总部有多强大,门店就能走多远 IBMG国际商业管理集团 著	如何把总部做强,成为门店的坚实后盾	了解总部建设的方法与经验
	超市卖场定价策略与品类管理 IBMG国际商业管理集团 著	超市定价策略与品类管理实操案例和方法	拿来就能用的理论和工具
	连锁零售企业招聘与培训破解之道 IBMG国际商业管理集团 著	围绕零售企业组织架构、培训体系建设等内容进行深刻探讨	破解人才发现和培养瓶颈的关键点
	中国首家未来超市:解密安徽乐城 IBMG国际商业管理集团 著	介绍了乐城作为中国首家未来超市从无到有的传奇经历	了解新型零售超市的运作方式及管理特色
	三四线城市超市如何快速成长:解密甘雨亭 IBMG国际商业管理集团 著	揭秘一家三四线连锁超市的经验策略	不但可以欣赏它的优点,而且可以学会它成功的方法
	涨价也能卖到翻 村松达夫 【日】	提升客单价的15种实用、有效的方法	日本企业在这方面非常值得学习和借鉴
	移动互联下的超市升级 联商网专栏频道 著	深度解析超市转型升级重点	帮助零售企业把握全局、看清方向
	手把手教你做专业督导:专卖店、连锁店 熊亚柱 著	从督导的职能、作用,在工作中需要的专业技能、方法,都提供了详细的解读和训练办法,同时附有大量的表单工具	无论是店铺需要统一培训,还是个人想成为优秀的督导,有这一本就够了
	百货零售全渠道营销策略 陈继展 著	没有照本宣科、说教式的絮叨,只有笔者对行业的认知与理解,庖丁解牛式的逐项解析、展开	通俗易懂,花极少的时间快速掌握该领域的知识及趋势

	零售:把客流变成购买力 丁 昀 著	如何通过不断升级产品和体验式服务来经营客流	如何进行体验营销,国外的好经营,这方面有启发
零售·超市·餐饮·服装	餐饮企业经营策略第一书 吴 坚 著	分别从产品、顾客、市场、盈利模式等几个方面,对现阶段餐饮企业的发展提出策略和思路	第一本专业的、高端的餐饮企业经营指导书
	电影院的下一个黄金十年:开发·差异化·案例 李保煜 著	对目前电影院市场存大的问题及如何解决进行了探讨与解读	多角度了解电影院运营方式及代表性案例
	赚不赚钱靠店长:从懂管理到会经营 孙彩军 著	通过生动的案例来进行剖析,注重门店管理细节方面的能力提升	帮助终端门店店长在管理门店的过程中实现经营思路的拓展与突破
耐消品	商用车经销商运营实战 杜建君 王朝阳 章晓青 等著	从管理到经营,从销售到服务,系统化运作全指导	为经销商经营开阔思路,掌握方法
	汽车配件这样卖:汽车后市场销售秘诀100条 俞士耀 著	汽配销售业务员必读,手把手教授最实用的方法,轻松得来好业绩	快速上岗,专业实效,业绩无忧
	跟行业老手学经销商开发与管理:家电、耐消品、建材家居 黄润霖 著	全部来源于经销商管理的一线问题,作者用丰富的经验将每一个问题落实到最便捷快速的操作方法上去	书中每一个问题都是普通营销人亲口提出的,这些问题你也会遇到,作者进行的解答则精彩实用
白酒	酒水饮料快消品餐饮渠道营销手册 朱伟杰 著	主要针对快消品(酒水、饮料)的餐饮渠道,提供了区域、商圈、不同业态的规划和促销安排等多种工具,并提出了经销商、批发商等相关人员的管理方法	一本酒水饮料如何在餐饮渠道销售的全能手册,内容深入翔实,可以直接照搬套用,这样的便利简直千金不换
	白酒到底如何卖 赵海永 著	以市场实战为主,多层次、全方位、多角度地阐释了白酒一线市场操作的最新模式和方法,接地气	实操性强,37个方法、6大案例帮你成功卖酒
	变局下的白酒企业重构 杨永华 著	帮助白酒企业从产业视角看清趋势,找准位置,实现弯道超车的书	行业内企业要减少90%,自己在什么位置,怎么做,都清楚了
	1. 白酒营销的第一本书(升级版) 2. 白酒经销商的第一本书 唐江华 著	华泽集团湖南开口笑公司品牌部长,擅长酒类新品推广、新市场拓展	扎根一线,实战
	区域型白酒企业营销必胜法则 朱志明 著	为区域型白酒企业提供35条必胜法则,在竞争中赢销的葵花宝典	丰富的一线经验和深厚积累,实操实用
	10步成功运作白酒区域市场 朱志明 著	白酒区域操盘者必备,掌握区域市场运作的战略、战术、兵法	在区域市场的攻伐防守中运筹帷幄,立于不败之地
	酒业转型大时代:微酒精选 2014 – 2015 微酒 主编	本书分为五个部分:当年大事件、那些酒业营销工具、微酒独立策划、业内大调查和十大经典案例	了解行业新动态、新观点,学习营销方法

快消品·食品	中国快消品营销的这些年 史贤龙 著	作者精华文章的合集，一本书浓缩了过去十五年，中国营销的实战历程与前沿思考	快消品营销行业的案例和方法都原汁原味呈现，在反映当时风貌的同时，展望与反思
	营销中国茶:2 小时读懂茶叶营销 史贤龙 著	从不同视角对中国的茶营销进行了思考，内容涉及中国茶产业战略困境、茶企规模化、茶品牌崛起、茶文化、茶营销、茶消费、茶零售、茶道等	内容丰富扎实，文字流畅，浓缩的都是精华，让你2 小时读懂茶叶营销
	这样打造快消品标杆市场 罗宏文 著	帮助你解决如何成功打造标杆市场和进行持续增量管理两大问题	一套系统的方法论，通俗易懂，可以直接套用
	5 小时读懂快消品营销:中国快消品案例观察 陈海超 著	多年营销经验的一线老手把案例掰开了、揉碎了，从中得出的各种手段和方法给读者以帮助和启发	营销那些事儿的个中秘辛，求人还不一定告诉你，这本书里就有
	快消品招商的第一本书:从入门到精通 刘雷 著	深入浅出，不说废话，有工具方法，通俗易懂	让零基础的招商新人快速学习书中最实用的招商技能，成长为骨干人才
	乳业营销第一书 侯军伟 著	对区域乳品企业生存发展关键性问题的梳理	唯一的区域乳业营销书，区域乳品企业一定要看
	食用油营销第一书 余盛 著	10 多年油脂企业工作经验，从行业到具体实操	食用油行业第一书，当之无愧
	中国茶叶营销第一书 柏薡 著	如何跳出茶行业"大文化小产业"的困境，作者给出了自己的观察和思考	不是传统做茶的思路，而是现在商业做茶的思路
	调味品营销第一书 陈小龙 著	国内唯一一本调味品营销的书	唯一的调味品营销的书，调味品的从业者一定要看
	快消品营销人的第一本书:从入门到精通 刘雷 伯建新 著	快消行业必读书，从入门到专业	深入细致，易学易懂
	变局下的快消品营销实战策略 杨永华 著	通胀了，成本增加，如何从被动应战变成主动的"系统战"	作者对快消品行业非常熟悉、非常实战
	快消品经销商如何快速做大 杨永华 著	本书完全从实战的角度，评述现象，解析误区，揭示原理，传授方法	为转型期的经销商提供了解决思路，指出了发展方向
	一位销售经理的工作心得 蒋军 著	一线营销管理人员想提升业绩却无从下手时，可以看看这本书	一线的真实感悟
	快消品营销:一位销售经理的工作心得2 蒋军 著	快消品、食品饮料营销的经验之谈，重点图书	来源与实战的精华总结
	快消品营销与渠道管理 谭长春 著	将快消品标杆企业渠道管理的经验和方法分享出来	可口可乐、华润的一些具体的渠道管理经验，实战
	成为优秀的快消品区域经理(升级版) 伯建新 著	用"怎么办"分析区域经理的工作关键点，增加30% 全新内容，更贴近环境变化	可以作为区域经理的"速成催化器"

	书名 作者	内容	评价
快消品·食品	销售轨迹：一位快消品营销总监的拼搏之路 秦国伟 著	本书讲述了一个普通销售员打拼成为跨国企业营销总监的真实奋斗历程	激励人心，给广大销售员以力量和鼓舞
	快消老手都在这样做：区域经理操盘锦囊 方 刚 著	非常接地气，全是多年沉淀下来的干货，丰富的一线经验和实操方法不可多得	在市场摸爬滚打的"老油条"，那些独家绝招妙招一般你问都是问不来的
	动销四维：全程辅导与新品上市 高继中 著	从产品、渠道、促销和新品上市详细讲解提高动销的具体方法，总结作者18年的快消品行业经验，方法实操	内容全面系统，方法实操
农业	新农资如何换道超车 刘祖轲 等著	从农业产业化、互联网转型、行业营销与经营突破四个方面阐述如何让农资企业占领先机、提前布局	南方略专家告诉你如何应对资源浪费、生产效率低下、产能严重过剩、价格与价值严重扭曲等
	中国牧场管理实战：畜牧业、乳业必读 黄剑黎 著	本书不仅提供了来自一线的实际经验，还收入了丰富的工具文档与表单	填补空白的行业必读作品
	中小农业企业品牌战法 韩 旭 著	将农业企业品牌建设的方法，从理论讲到实践，具有指导性	全面把握品牌规划，传播推广，落地执行的具体措施
	农资营销实战全指导 张 博 著	农资如何向"深度营销"转型，从理论到实践进行系统剖析，经验资深	朴实、使用！不可多得的农资营销实战指导
	农产品营销第一书 胡浪球 著	从农业企业战略到市场开拓、营销、品牌、模式等	来源于实践中的思考，有启发
	变局下的农牧企业9大成长策略 彭志雄 著	食品安全、纵向延伸、横向联合、品牌建设……	唯一的农牧企业经营实操的书，农牧企业一定要看
医药	在中国，医药营销这样做：时代方略精选文集 段继东 主编	专注于医药营销咨询15年，将医药营销方法的精华文章合编，深入全面	可谓医药营销领域的顶尖著作，医药界读者的必读书
	医药新营销：制药企业、医药商业企业营销模式转型 史立臣 著	医药生产企业和商业企业在新环境下如何做营销？老方法还有没有用？如何寻找新方法？新方法怎么用？本书给你答案	内容非常现实接地气，踏实谈问题说方法
	医药企业转型升级战略 史立臣 著	药企转型升级有5大途径，并给出落地步骤及风险控制方法	实操性强，有作者个人经验总结及分析
	新医改下的医药营销与团队管理 史立臣 著	探讨新医改对医药行业的系列影响和医药团队管理	帮助理清思路，有一个框架
	医药营销与处方药学术推广 马宝琳 著	如何用医学策划把"平民产品"变成"明星产品"	有真货、讲真话的作者，堪称处方药营销的经典！
	医药行业大洗牌与药企创新 林延君 沈 斌 著	一方面，围绕着变革，多角度阐述药企的应对之道；另一方面，紧扣实践，介绍近百家医药企业创新实践案例	医改变革10年，医药企业如何应对大洗牌？重磅出击的药企人必读书
	新医改了，药店就要这样开 尚 锋 著	药店经营、管理、营销全攻略	有很强的实战性和可操作性

医药	电商来了,实体药店如何突围 尚 锋 著	电商崛起,药店该如何突围?本书从促销、会员服务、专业性、客单价等多重角度给出了指导方向	实战攻略,拿来就能用
	OTC 医药代表药店销售36 计 鄢圣安 著	以《三十六计》为线,写OTC 医药代表向药店销售的一些技巧与策略	案例丰富,生动真实,实操性强
	OTC 医药代表药店开发与维护 鄢圣安 著	要做到一名专业的医药代表,需要做什么、准备什么、知识储备、操作技巧等	医药代表药店拜访的指导手册,手把手教你快速上手
	引爆药店成交率 1:店员导购实战 范月明 著	一本书解决药店导购所有难题	情景化、真实化、实战化
	引爆药店成交率 2:经营落地实战 范月明 著	最接地气的经营方法全指导	揭示了药店经营的几类关键问题
	引爆药店成交率:专业化销售解决方案 范月明 著	药品搭配分析与关联销售	为药店人专业化助力
	处方药零售这样做 田 军 著	阐述了处方药零售的重要性,以及做处方药零售市场的具体措施和方法	系统性了解和掌握处方药零售方法
建材家居	成为最赚钱的家具建材经销商 李治江 著	从销售模式、产品、门店等老板们最关注和最需要的方面解决问题、提供方法	只要你是建材、家具、家居用品的经销商老板,这就是一本必读的书
	家具行业操盘手 王献永 著	家具行业问题的终结者	解决了干家具还有没有前途?为什么同城多店的家具经销商很难做大做强等问题
	建材家居营销:除了促销还能做什么 孙嘉晖 著	一线老手的深度思考,告诉你在建材家居营销模式基本停滞的今天,除了促销,营销还能怎么做	给你的想法一场革命
	建材家居营销实务 程绍珊 杨鸿贵 主编	价值营销运用到建材家居,每一步都让客户增值	有自己的系统、实战
	家居建材门店 6 力爆破 贾同领 著	合盘道出一线品牌销量秘籍	6 力招招见血,既有招数,又有策略
	建材家居门店销量提升 贾同领 著	店面选址、广告投放、推广助销、空间布局、生动展示、店面运营等	门店销量提升是一个系统工程,非常系统、实战
	10 步成为最棒的建材家居门店店长 徐伟泽 著	实际方法易学易用,让员工能够迅速成长,成为独当一面的好店长	只要坚持这样干,一定能成为好店长
	手把手帮建材家居导购业绩倍增:成为顶尖的门店店员 熊亚柱 著	生动的表现形式,让普通人也能成为优秀的导购员,让门店业绩长红	读着有趣,用着简单,一本在手、业绩无忧
	建材家居经销商实战 42 章经 王庆云 著	告诉经销商:老板怎么当、团队怎么带、生意怎么做	忠言逆耳,看着不舒服就对了,实战总结,用一招半式就值了

工业品	**销售是门专业活：B2B、工业品** 陆和平　著	销售流程就应该跟着客户的采购流程和关注点的变化向前推进，将一个完整的销售过程分成十个阶段，提供具体方法	销售不是请客吃饭拉关系，是个专业的活计！方法在手，走遍天下不愁
	解决方案营销实战案例 刘祖轲　著	用10个真案例讲明白什么是工业品的解决方案式营销，实战、实用	有干货，真正操作过的才能写得出来
	变局下的工业品企业7大机遇 叶敦明　著	产业链条的整合机会、盈利模式的复制机会、营销红利的机会、工业服务商转型机会……	工业品企业还可以这样做，思维大突破
	工业品市场部实战全指导 杜　忠　著	工业品市场部经理工作内容全指导	系统、全面、有理论、有方法，帮助工业品市场部经理更快提升专业能力
	工业品营销管理实务 李洪道　著	中国特色工业品营销体系的全面深化、工业品营销管理体系优化升级	工具更实战，案例更鲜活，内容更深化
	工业品企业如何做品牌 张东利　著	为工业品企业提供最全面的品牌建设思路	有策略、有方法、有思路、有工具
	丁兴良讲工业4.0 丁兴良　著	没有枯燥的理论和说教，用朴实直白的语言告诉你工业4.0的全貌	工业4.0是什么？本书告诉你答案
	资深大客户经理：策略准，执行狠 叶敦明　著	从业务开发、发起攻势、关系培育、职业成长四个方面，详述了大客户营销的精髓	满满的全是干货
	一切为了订单：订单驱动下的工业品营销实战 唐道明　著	其实，所有的企业都在围绕着两个字在开展全部的经营和管理工作，那就是"订单"	开发订单、满足订单、扩大订单。本书全是实操方法，字字珠玑、句句干货，教你获得营销的胜利
金融	**交易心理分析** (美)马克·道格拉斯　著 刘真如　译	作者一语道破赢家的思考方式，并提供了具体的训练方法	不愧是投资心理的第一书，绝对经典
	精品银行管理之道 崔海鹏　何屹　主编	中小银行转型的实战经验总结	中小银行的教材很多，实战类的书很少，可以看看
	支付战争 Eric M. Jackson　著 徐彬　王晓　译	PayPal创业期营销官，亲身讲述PayPal从诞生到壮大到成功出售的整个历史	激烈、有趣的内幕商战故事！了解美国支付市场的风云巨变
	中外并购名著专业阅读指南 叶兴平　等著	在5000多本并购类图书中精选的200著作，在阅读的基础上写的读书评价	精挑细选200本并一一评介，省去读者挑选的烦恼，快捷、高效
	互联网时代的银行转型 韩友诚　著	以大量案例形式为读者全面展示和分析了银行的互联网金融转型应对之道	结合本土银行转型发展案例的书籍

	书名·作者	内容/特色	读者价值
房地产	产业园区/产业地产规划、招商、运营实战 阎立忠 著	目前中国第一本系统解读产业园区和产业地产建设运营的实战宝典	从认知、策划、招商到运营全面了解地产策划
	人文商业地产策划 戴欣明 著	城市与商业地产战略定位的关键是不可复制性，要发现独一无二的"味道"	突破千城一面的策划困局
	电影院的下一个黄金十年：开发·差异化·案例 李保煜 著	对目前电影院市场存大的问题及如何解决进行了探讨与解读	多角度了解电影院运营方式及代表性案例
能源	全能型班组：城市能源互联网与电力班组升级 国网天津市电力公司 编著	借鉴国内外优秀企业的转型升级思路，通过对于新型班组组织模式和机制的大胆设想，力图构建充分适应内外环境变化的全能型班组	看看庞大的国企在新环境下是如何顺应时代的
	国网天津电力全能型班组建设实务 国网天津市电力公司 编著	本书聚焦于天津电力公司在探索全能型班组转型升级时的优秀实践	电力行业的班组实践，具体、可操作性强

经营类：企业如何赚钱，如何抓机会，如何突破，如何"开源"

	书名·作者	内容/特色	读者价值
抓方向	让经营回归简单·升级版 宋新宇 著	化繁为简抓住经营本质：战略、客户、产品、员工、成长	经典，做企业就这几个关键点！
	混沌与秩序Ⅰ：变革时代企业领先之道 混沌与秩序Ⅱ：变革时代管理新思维 彭剑锋 尚艳玲 主编	汇集华夏基石专家团队10年来研究成果，集中选择了其中的精华文章编纂成册	作者都是既有深厚理论积淀又有实践经验的重磅专家，为中国企业和企业的未来提出了高屋建瓴的观点
	活系统：跟任正非学当老板 孙行健 尹贤 著	以任正非的独到视角，教企业老板如何经营公司	看透公司经营本质，激活企业活力
	重构：快消品企业重生之道 杨永华 著	从7个角度，帮助企业实现系统性的改造	提供转型思想与方法，值得参考
	公司由小到大要过哪些坎 卢强 著	老板手里的一张"企业成长路线图"	现在我在哪儿，未来还要走哪些路，都清楚了
	企业二次创业成功路线图 夏惊鸣 著	企业曾经抓住机会成功了，但下一步该怎么办？	企业怎样获得第二次成功，心里有个大框架了
	老板经理人双赢之道 陈明 著	经理人怎养选平台，怎么开局，老板怎样选/育/用/留	老板生闷气，经理人牢骚大，这次知道该怎么办了
	简单思考：AMT咨询创始人自述 孔祥云 著	著名咨询公司（AMT）的CEO创业历程中点点滴滴的经验与思考	每一位咨询人，每一位创业者和管理经营者，都值得一读
	企业文化的逻辑 王祥伍 黄健江 著	为什么企业绩效如此不同，解开绩效背后的文化密码	少有的深刻，有品质，读起来很流畅
	使命驱动企业成长 高可为 著	钱能让一个人今天努力，使命能让一群人长期努力	对于想做事业的人，'使命'是绕不过去的

思维突破	盈利原本就这么简单 高可为　著	从财务的角度揭示企业盈利的秘密	多方面解读商业模式与盈利的关系，通俗易懂，受益匪浅
	移动互联新玩法：未来商业的格局和趋势 史贤龙　著	传统商业、电商、移动互联，三个世界并存，这种新格局的玩法一定要懂	看清热点的本质，把握行业先机，一本书搞定移动互联网
	画出公司的互联网进化路线图：用互联网思维重塑产品、客户和价值 李蓓　著	18个问题帮助企业一步步梳理出互联网转型思路	思路清晰、案例丰富，非常有启发性
	重生战略：移动互联网和大数据时代的转型法则 沈拓　著	在移动互联网和大数据时代，传统企业转型如同生命体打算与再造，称之为"重生战略"	帮助企业认清移动互联网环境下的变化和应对之道
	创造增量市场：传统企业互联网转型之道 刘红明　著	传统企业需要用互联网思维去创造增量，而不是用电子商务去转移传统业务的存量	教你怎么在"互联网＋"的海洋中创造实实在在的增量
	7个转变，让公司3年胜出 李蓓　著	消费者主权时代，企业该怎么办	这就是互联网思维，老板有能这样想，肯定倒不了
	跳出同质思维，从跟随到领先 郭剑　著	66个精彩案例剖析，帮助老板突破行业长期思维惯性	做企业竟然有这么多玩法，开眼界
	麻烦就是需求　难题就是商机 卢根鑫　著	如何借助客户的眼睛发现商机	什么是真商机，怎么判断、怎么抓，有借鉴
	互联网＋"变"与"不变"：本土管理实践与创新论坛集萃·2016 本土管理实践与创新论坛　著	加速本土管理思想的孕育诞生，促进本土管理创新成果更好地服务企业、贡献社会	各个作者本年度最新思想，帮助读者拓宽眼界、突破思维
	消费升级：实践　研究（文集） 本土管理实践与创新论坛　著	38位管理专家及7位学者的精华思想，从经营、管理、行业及思想研究四个方面阐述中国企业在消费升级下的实践与研究	思想启发，行业借鉴
财务	写给企业家的公司与家庭财务规划——从创业成功到富足退休 周荣辉　著	本书以企业的发展周期为主线，写各阶段企业与企业主家庭的财务规划	为读者处理人生各阶段企业与家庭的财务问题提供建议以及方法，让家庭成员真正享受财富带来的益处
	互联网时代的成本观 程翔　著	本书结合互联网时代提出了成本的多维观，揭示了多维组合成本的互联网精神和大数据特征，论述了其产生背景、实现思路和应用价值	在传统成本观下为盈利的业务，在新环境下也许就成为亏损业务。帮助管理者从新的角度来看待成本，进一步做好精益管理
	财报背后的投资机会 蒋豹　著	以具体的公司案例分析，教你迅速看出财务报表与企业经营的关系、所反映的企业经营现状，从而找到投资机会	前四大会计所员工为读者解读财报，发现投资机会

管理类:效率如何提升,如何实现经营目标,如何"节流"

	书名·作者	内容/特色	读者价值
通用管理	让管理回归简单·升级版 宋新宇 著	从目标、组织、决策、授权、人才和老板自己层面教你怎样做管理	帮助管理抓住管理的要害,让管理变得简单
	让经营回归简单·升级版 宋新宇 著	从战略、客户、产品、员工、成长、经营者自身等七个方面,归纳总结出简单有效的经营法则	总结出的真正优秀企业的成功之道:简单
	让用人回归简单 宋新宇 著	从用人的原则、用人的难题与误区、用人的方法和用人者的修炼四大方面,总结出适合中小企业做好人才管理工作的法则	帮助管理者抓住用人的要害,让用人变得简单
	历史深处的管理智慧1:组织建设与用人之道 刘文瑞 著	对历史之典故、政事、人事、政制进行管理解析,鉴照企业人才的选用育留	推动理论与实践的对接,实现理性与情感的渗透,用中国话语说明管理智慧
	历史深处的管理智慧2:战略决策与经营运作 刘文瑞 著	对历史之典故、政事、人事、政制进行管理解析,鉴照企业战略设计与经营实践	推动理论与实践的对接,实现理性与情感的渗透,用中国话语说明管理智慧
	历史深处的管理智慧3:领导修炼与文化素养 刘文瑞 著	对历史之典故、政事、人事、政制进行管理解析,鉴照企业领导职业能力提升与文化修养	推动理论与实践的对接,实现理性与情感的渗透,用中国话语说明管理智慧
	管理的尺度 刘文瑞 著	对管理中的种种普遍性问题进行了批评	提高把握管理尺度的能力
	管理学在中国 刘文瑞 著	系统性介绍了管理学在中国的发展和演变	了解管理学在中国的发展脉络,更清晰理解管理学的本质
	看电影,懂管理 刘文瑞 著	16部经典电影,带你感悟管理智慧	能够帮助读者放松身心,驰骋想象,在不知不觉中增长智慧
	管理:以规则驾驭人性 王春强 著	详细解读企业规则的制定方法	从人与人博弈角度提升管理的有效性
	员工心理学超级漫画版 邢雷 著	以漫画的形式深度剖析员工心理	帮助管理者更了解员工,从而更轻松地管理员工
	老板有想法,高层有干法:企业中的将帅之道 王清华 著	深入剖析老板与高管的异同	各司其职,各行其是,相辅相成
	分股合心:股权激励这样做 段磊 周剑 著	通过丰富的案例,详细介绍了股权激励的知识和实行方法	内容丰富全面、易读易懂,了解股权激励,有这一本就够了
	边干边学做老板 黄中强 著	创业20多年的老板,有经验,能写,又愿意分享,这样的书很少	处处共鸣,帮助中小企业老板少走弯路

通用管理	成为敏感而体贴的公司 王　涛　著	本书为作者对企业的观察和冥想的随笔记录。从生活中的一个现象入手，进而探索现象背后的本质	从全新角度认识公司
	中国企业的觉醒：正直 善良 成长 王　涛　著	围绕着企业人如何发生转化展开，对中国人、中国文化及由此导致的企业现状的观察和思考	企业除了要利润，还需要道德
	有意识的思考：轻松化解问题的7个思考习惯 王　涛　著	本书是对思想、思考过程、思考方式进行的细致观察	养成好的思考习惯，更深刻地看问题
	中国式阿米巴落地实践之从交付到交易 胡八一　著	本书主要讲述阿米巴经营会计，"从交付到交易"，这是成功实施了阿米巴的标志	阿米巴经营会计的工作是有逻辑关联的，一本书就能搞定
	中国式阿米巴落地实践之激活组织 胡八一　著	重点讲解如何科学划分阿米巴单元，阐述划分的实操要领、思路、方法、技术与工具	最大限度减少"推行风险"和"摸索成本"，利于公司成功搭建适合自身的个性化阿米巴经营体系
	中国式阿米巴落地实践之持续盈利 胡八一　著	把企业做成平台，企业才能做大（格局）；把平台做成阿米巴，企业才能做强（专业）；把阿米巴做成合伙制，企业才能做久（机制）	中国式阿米巴落地实践三部曲的最后一部，告诉你企业如何做大做强做久
	集团化企业阿米巴实战案例 初勇钢　著	一家集团化企业阿米巴实施案例	指导集团化企业系统实施阿米巴
	阿米巴经营的中国模式 李志华　著	让员工从"要我干"到"我要干"，价值量化出来	阿米巴在企业如何落地，明白思路了
	欧博心法：好管理靠修行 曾　伟　著	用佛家的智慧，深刻剖析管理问题，见解独到	如果真的有'中国式管理'，曾老师是其中标志性人物
	领导这样点燃你的下属 孟广桥　著	领导者如何才能让员工积极主动地工作？如何让你的员工和下属保持工作的热情，自动自发？看了这本书就知道	只要你希望手下的"兵将"永远充满工作的斗志，这本书将使你获益良多
流程管理	1. 用流程解放管理者 2. 用流程解放管理者2 张国祥　著	中小企业阅读的流程管理、企业规范化的书	通俗易懂，理论和实践的结合恰到好处
	跟我们学建流程体系 陈立云　著	畅销书《跟我们做流程管理》系列，更实操，更细致，更深入	更多地分享实践，分享感悟，从实践总结出来的方法论
	人人都要懂流程 金国华　余雅丽　著	当前各企业流程管理方面最为典型的痛点现象及问题案例	通俗易懂，适合企业全员阅读

质量管理	IATF16949 质量管理体系详解与案例文件汇编：TS16949 转版 IATF16949：2016 谭洪华 著	针对 IATF 的新标准做了详细的解说，同时指出了一些推行中容易犯的错误，提供了大量的表单、案例	案例、表单丰富，拿来就用
	五大质量工具详解及运用案例：APQP/FMEA/PPAP/MSA/SPC 谭洪华 著	对制造业必备的五大质量工具中每个文件的制作要求、注意事项、制作流程、成功案例等进行了解读	通俗易懂、简便易行，能真正实现学以致用
	ISO9001:2015 新版质量管理体系详解与案例文件汇编 谭洪华 著	紧密围绕 2015 年新版质量管理体系文件逐条详细解读，并提供可以直接套用的案例工具，易学易上手	企业质量管理认证、内审必备
	ISO14001:2015 新版环境管理体系详解与案例文件汇编 谭洪华 著	紧密围绕 2015 年新版环境管理体系文件逐条详细解读，并提供可以直接套用的案例工具，易学易上手	企业环境管理认证、内审必备
	SA8000:2014 社会责任管理体系认证实战 吕 林 著	作者根据自己的操作经验，按认证的流程，以相关案例进行说明 SA8000 认证体系	简单，实操性强，拿来就能用
	精益质量管理实战工具 贺小林 著	制造类企业日常工作中所需要的精益管理工具的归纳整理，并进行案例操作的细致分析	可以直接参考，实际解决生产中的具体问题
战略落地	重生——中国企业的战略转型 施 炜 著	从前瞻和适用的角度，对中国企业战略转型的方向、路径及策略性举措提出了一些概要性的建议和意见	对企业有战略指导意义
	公司大了怎么管：从靠英雄到靠组织 AMT 金国华 著	第一次详尽阐释中国快速成长型企业的特点、问题及解决之道	帮助快速成长型企业领导及管理团队理清思路，突破瓶颈
	低效会议怎么改：每年节省一半会议成本的秘密 AMT 王玉荣 著	教你如何系统规划公司的各级会议，一本工具书	教会你科学管理会议的办法
	年初订计划，年尾有结果：战略落地七步成诗 AMT 郭晓 著	7 个步骤教会你怎么让公司制定的战略转变为行动	系统规划，有效指导计划实现
人力资源	HRBP 是这样炼成的之"菜鸟起飞" 新 海 著	以小说的形式，具体解析 HRBP 的职责，应该如何操作，如何为业务服务	实践者的经验分享，内容实务具体，形式有趣
	HRBP 是这样炼成的之中级修炼 新 海 著	本书以案例故事的方式，介绍了 HRBP 在实际工作中碰到的问题和挑战	书中的 HR 解决方案讲究因时因地制宜、简单有效的原则，重在启发读者思路，可供各类企业 HRBP 借鉴
	HRBP 是这样炼成的之高级修炼 新 海 著	以故事的形式，展现了 HRBP 工作者在职业发展路上的层层深入和递进	为读者提供 HRBP 在实际工作中遇到种种问题的解决方案

人力资源	**把面试做到极致：首席面试官的人才甄选法** 孟广桥 著	作者用自己几十年的人力资源经验总结出的一套实用的确定岗位招聘标准、提升面试官技能素质的简便方法	面试官必备，没有空泛理论，只有巧妙的实操技能
	人力资源体系与 e – HR 信息化建设 刘书生 陈 莹 王美佳 著	将作者经历的人力资源管理变革、人力资源管理信息化咨询项目方法论、工具和成果全面展现给读者，使大家能够将其快速应用到管理实践中	系统性非常强，没有废话，全部是浓缩的干货
	回归本源看绩效 孙 波 著	让绩效回顾"改进工具"的本源，真正为企业所用	确实是来源于实践的思考，有共鸣
	世界 500 强资深培训经理人教你做培训管理 陈 锐 著	从 7 大角度具体细致地讲解了培训管理的核心内容	专业、实用、接地气
	曹子祥教你做激励性薪酬设计 曹子祥 著	以激励性为指导，系统性地介绍了薪酬体系及关键岗位的薪酬设计模式	深入浅出，一本书学会薪酬设计
	曹子祥教你做绩效管理 曹子祥 著	复杂的理论通俗化，专业的知识简单化，企业绩效管理共性问题的解决方案	轻松掌握绩效管理
	把招聘做到极致 远 鸣 著	作为世界 500 强高级招聘经理，作者数十年招聘经验的总结分享	带来职场思考境界的提升和具体招聘方法的学习
	人才评价中心·超级漫画版 邢 雷 著	专业的主题，漫画的形式，只此一本	没想到一本专业的书，能写成这效果
	走出薪酬管理误区 全怀周 著	剖析薪酬管理的 8 大误区，真正发挥好枢纽作用	值得企业深读的实用教案
	集团化人力资源管理实践 李小勇 著	对搭建集团化的企业很有帮助，务实、实用	最大的亮点不是理论，而是结合实际的深入剖析
	我的人力资源咨询笔记 张 伟 著	管理咨询师的视角，思考企业的 HR 管理	通过咨询师的眼睛对比很多企业，有启发
	本土化人力资源管理 8 大思维 周 剑 著	成熟 HR 理论，在本土中小企业实践中的探索和思考	对企业的现实困境有真切体会，有启发
企业文化	**36 个拿来就用的企业文化建设工具** 海融心胜 主编	数十个工具，为了方便拿来就用，每一个工具都严格按照工具属性、操作方法、案例解读划分，实用、好用	企业文化工作者的案头必备书，方法都在里面，简单易操作
	企业文化建设超级漫画版 邢 雷 著	以漫画的形式系统教你企业文化建设方法	轻松易懂好操作

企业文化	华夏基石方法：企业文化落地本土实践 王祥伍 谭俊峰 著	十年积累、原创方法、一线资料，和盘托出	在文化落地方面真正有洞察，有实操价值的书
	企业文化的逻辑 王祥伍 著	为什么企业之间如此不同，解开绩效背后的文化密码	少有的深刻，有品质，读起来很流畅
	企业文化激活沟通 宋杼宸 安琪 著	透过新任 HR 总经理的眼睛，揭示出沟通与企业文化的关系	有实际指导作用的文化落地读本
	在组织中绽放自我：从专业化到职业化 朱仁健 王祥伍 著	个人如何融入组织，组织如何助力个人成长	帮助企业员工快速认同并投入到组织中去，为企业发展贡献力量
	企业文化定位·落地一本通 王明胤 著	把高深枯燥的专业理论创建成一套系统化、实操化、简单化的企业文化缔造方法	对企业文化不了解，不会做？有这一本从概念到实操，就够了
生产管理	精益思维：中国精益如何落地 刘承元 著	笔者二十余年企业经营和咨询管理的经验总结	中国企业需要灵活运用精益思维，推动经营要素与管理机制的有机结合，推动企业管理向前发展
	300 张现场图看懂精益 5S 管理 乐 涛 编著	5S 现场实操详解	案例图解，易懂易学
	高员工流失率下的精益生产 余伟辉 著	中国的精益生产必须面对和解决高员工流失率问题	确实来源于本土的工厂车间，很务实
	车间人员管理那些事儿 岑立聪 著	车间人员管理中处理各种"疑难杂症"的经验和方法	基层车间管理者最闹心、头疼的事，'打包'解决
	1. 欧博心法：好管理靠修行 2. 欧博心法：好工厂这样管 曾 伟 著	他是本土最大的制造业管理咨询机构创办人，他从 400 多个项目、上万家企业实践中锤炼出的欧博心法	中小制造型企业，一定会有很强的共鸣
	欧博工厂案例 1：生产计划管控对话录 欧博工厂案例 2：品质技术改善对话录 欧博工厂案例 3：员工执行力提升对话录 曾 伟 著	最典型的问题、最详尽的解析，工厂管理 9 大问题 27 个经典案例	没想到说得这么细，超出想象，案例很典型，照搬都可以了
	工厂管理实战工具 欧博企管 编著	以传统文化为核心的管理工具	适合中国工厂
	苦中得乐：管理者的第一堂必修课 曾 伟 编著	曾伟与师傅大愿法师的对话，佛学与管理实践的碰撞，管理禅的修行之道	用佛学最高智慧看透管理
	比日本工厂更高效 1：管理提升无极限 刘承元 著	指出制造型企业管理的六大积弊；颠覆流行的错误认知；掌握精益管理的精髓	每一个企业都有自己不同的问题，管理没有一剑封喉的秘笈，要从现场、现物、现实出发
	比日本工厂更高效 2：超强经营力 刘承元 著	企业要获得持续盈利，就要开源和节流，即实现销售最大化，费用最小化	掌握提升工厂效率的全新方法

生产管理	比日本工厂更高效 3：精益改善力的成功实践 刘承元 著	工厂全面改善系统有其独特的目的取向特征,着眼于企业经营体质(持续竞争力)的建设与提升	用持续改善力来飞速提升工厂的效率,高效率能够带来意想不到的高效益
	3A 顾问精益实践 1：IE 与效率提升 党新民 苏迎斌 蓝旭日 著	系统的阐述了 IE 技术的来龙去脉以及操作方法	使员工与企业持续获利
	3A 顾问精益实践 2：JIT 与精益改善 肖志军 党新民 著	只在需要的时候,按需要的量,生产所需的产品	提升工厂效率
	手把手教你做专业的生产经理 黄 娜 著	物流、信息流、资金流,让生产经理管理有抓手	从菜鸟到能把控全局
员工素质提升	TTT 培训师精进三部曲(上)：深度改善现场培训效果 廖信琳 著	现场把控不用慌,这里有妙招一用就灵	课程现场无论遇到什么样的情况都能游刃有余
	TTT 培训师精进三部曲(中)：构建最有价值的课程内容 廖信琳 著	这样做课程内容,学员有收获 培训师也有收获	优质的课程内容是树立个人品牌的保证
	TTT 培训师精进三部曲(下)：职业功力沉淀与修为提升 廖信琳 著	从内而外提升自己,职业的道路一帆风顺	走上职业 TTT 内训师的康庄大道
	培训师,如何让你的事业长青：自我管理的 10 项法则 廖信琳 著	建立了一套完整的培训师自我管理体系,为培训师的职业成长与发展提供有益的指引	培训师如何在自己的职业道路上越走越高,事业长青,一直有所收获与成长? 本书将给你答案
	管理咨询师的第一本书：百万年薪 千万身价 熊亚柱 著	从问题出发,发现问题、分析问题、解决问题,让两眼一抹黑的新人快速成长	管理咨询师初入职场,让这本书开启百万年薪之路
	手把手教你做专业督导：专卖店、连锁店 熊亚柱 著	从督导的职能、作用,在工作中需要的专业技能、方法,都提供了详细的解读和训练办法,同时附有大量的表单工具	无论是店铺需要统一培训,还是个人想成为优秀的督导,有这一本就够了
	跟老板"偷师"学创业 吴江萍 余晓雷 著	边学边干,边观察边成长,你也可以当老板	不同于其他类型的创业书,让你在工作中积累创业经验,一举成功
	销售轨迹：一位快消品营销总监的拼搏之路 秦国伟 著	本书讲述了一个普通销售员打拼成为跨国企业营销总监的真实奋斗历程	激励人心,给广大销售员以力量和鼓舞
	在组织中绽放自我：从专业化到职业化 朱仁健 王祥伍 著	个人如何融入组织,组织如何助力个人成长	帮助企业员工快速认同并投身于组织中去,为企业发展贡献力量
	企业员工弟子规：用心做小事,成就大事业 贾同领 著	从传统文化《弟子规》中学习企业中为人处事的办法,从自身做起	点滴小事,修养自身,从自身的改善得到事业的提升

	书名.作者	内容/特色	读者价值
员工素质提升	手把手教你做顶尖企业内训师:TTT培训师宝典 熊亚柱 著	从课程研发到现场把控、个人提升都有涉及,易读易懂,内容丰富全面	想要做企业内训师的员工有福了,本书教你如何抓住关键,从入门到精通
	客诉处理金手指:客户投诉的应对与管理 孟广桥 著	立足于投诉处理的实践,剖析了不同投诉者投诉的特点和应对措施,并提供各种技巧方法、赢得客户信赖所需培养的品质修炼、处理投诉应掌握的法律法规等工具	是投诉处理人员适应岗位职能需要、提升工作技能的良师益友,是企业变诉为金、培养业务骨干的法宝

营销类:把客户需求融入企业各环节,提供"客户认为"有价值的东西

	书名.作者	内容/特色	读者价值
营销模式	精品营销战略 杜建君 著	以精品理念为核心的精益战略和营销策略	用精品思维赢得高端市场
	变局下的营销模式升级 程绍珊 叶宁 著	客户驱动模式、技术驱动模式、资源驱动模式	很多行业的营销模式被颠覆,调整的思路有了!
	卖轮子 科克斯【美】	小说版的营销学!营销理念巧妙贯穿其中,贵在既有趣,又有深度	经典、有趣!一个故事读懂营销精髓
	动销操盘:节奏掌控与社群时代新战法 朱志明 著	在社群时代把握好产品生产售的节奏,解析动销的症结,寻找动销的规律与方法	都是易读易懂的干货!对动销方法的全面解析和操盘
	弱势品牌如何做营销 李政权 著	中小企业虽有品牌但没名气,营销照样能做的有声有色	没有丰富的实操经验,写不出这么具体、详实的案例和步骤,很有启发
	老板如何管营销 史贤龙 著	高段位营销16招,好学好用	老板能看,营销人也能看
	洞察人性的营销战术:沈坤教你28式 沈坤 著	28个匪夷所思的营销怪招令人拍案叫绝,涉及商业竞争的方方面面,大部分战术可以直接应用到企业营销中	各种谋略得益于作者的横向思维方式,将其操作过的案例结合其中,提供的战术对读者有参考价值
	动销:产品是如何畅销起来的 吴江萍 余晓雷 著	真真切切告诉你,产品究竟怎么才能卖出去	击中痛点,提供方法,你值得拥有
	1000铁杆女粉丝 张兵武 著	连接是女性与生俱来的特质。能善用连接的营销人员,就像拿到打开女性荷包的钥匙	重新认识女性的传播力量
	360°谈营销:一位营销咨询师20年实战洞察 王清华 古怀亮 著	各个角度,全方位,多视点	思路单一,此书帮你破剥营销
	营销按钮:扣动一触即发的力量 老苗 著	提供各种奇形怪状的营销武器	一定会带给你不一样的思维震撼

销售	资深大客户经理:策略准,执行狠 叶敦明 著	从业务开发、发起攻势、关系培育、职业成长四个方面,详述了大客户营销的精髓	满满的全是干货
	成为资深的销售经理:B2B、工业品 陆和平 著	围绕"销售管理的六个关键控制点"——展开,提供销售管理的专业、高效方法	方法和技术接地气,拿来就用,从销售员成长为经理不再犯难
	销售是门专业活:B2B、工业品 陆和平 著	销售流程就应该跟着客户的采购流程和关注点的变化向前推进,将一个完整的销售过程分成十个阶段,提供具体方法	销售不是请客吃饭拉关系,是个专业的活计!方法在手,走遍天下不愁
	向高层销售:与决策者有效打交道 贺兵一 著	一套完整有效的销售策略	有工具,有方法,有案例,通俗易懂
	卖轮子 【美】 科克斯	小说版的营销学!营销理念巧妙贯穿其中,贵在既有趣,又有深度	经典、有趣!一个故事读懂营销精髓
	学话术 卖产品 张小虎 著	分析常见的顾客异议,将优秀的话术模块化	让普通导购员也能成为销售精英
组织和团队	升级你的营销组织 程绍珊 吴越舟 著	用"有机性"的营销组织替代"营销能人",营销团队变成"铁营盘"	营销队伍最难管,程老师不愧是营销第1操盘手,步骤方法都很成熟
	用数字解放营销人 黄润霖 著	通过量化帮助营销人员提高工作效率	作者很用心,很好的常备工具书
	成为优秀的快消品区域经理(升级版) 伯建新 著	用"怎么办"分析区域经理的工作关键点,增加30%全新内容,更贴近环境变化	可以作为区域经理的"速成催化器"
	成为资深的销售经理:B2B、工业品 陆和平 著	围绕"销售管理的六个关键控制点"——展开,提供销售管理的专业、高效方法	方法和技术接地气,拿来就用,从销售员成长为经理不再犯难
	一位销售经理的工作心得 蒋军 著	一线营销管理人员想提升业绩却无从下手时,可以看看这本书	一线的真实感悟
	快消品营销:一位销售经理的工作心得2 蒋军 著	快消品、食品饮料营销的经验之谈,重点突出	来源于实战的精华总结
	销售轨迹:一位快消品营销总监的拼搏之路 秦国伟 著	本书讲述了一个普通销售员打拼成为跨国企业营销总监的真实奋斗历程	激励人心,给广大销售员以力量和鼓舞
	用营销计划锁定胜局:用数字解放营销人2 黄润霖 著	全方位教你怎么做好营销计划,好学好用真简单	照搬套用就行,做营销计划再也不头痛
	快消品营销人的第一本书:从入门到精通 刘雷 伯建新 著	快消行业必读书,从入门到专业	深入细致,易学易懂
产品	产品开发管理方法·流程·工具:从作坊式到规范化 任彭梓 著	产品研发管理体系全指导	既有工具,又能开拓思路
	新产品开发管理,就用IPD(升级版) 郭富才 著	10年IPD研发管理咨询总结,国内首部IPD专业著作	一本书掌握IPD管理精髓

产品	这样打造大单品：案例 策略 方法 迪智成咨询团队 著	囊括十三个不同行业、企业的实际案例，从不同角度详细剖析，总结了这些品牌厂家打造大单品的成功经验或者失败教训	厘清大单品打造的策划与路径，得出持续经营的思路与方法
	资深项目经理这样做新产品开发管理 秦海林 著	以 IPD 为思想，系统讲解新产品开管理的细节	提供管理思路和实用工具
	产品炼金术Ⅰ：如何打造畅销产品 史贤龙 著	满足不同阶段、不同体量、不同行业企业对产品的完整需求	必须具备的思维和方法，避免在产品问题上走弯路
	产品炼金术Ⅱ：如何用产品驱动企业成长 史贤龙 著	做好产品、关注产品的品质，就是企业成功的第一步	必须具备的思维和方法，避免在产品问题上走弯路
品牌	中小企业如何建品牌 梁小平 著	中小企业建品牌的入门读本，通俗、易懂	对建品牌有了一个整体框架
	采纳方法：破解本土营销8大难题 朱玉童 编著	全面、系统、案例丰富、图文并茂	希望在品牌营销方面有所突破的人，应该看看
	中国品牌营销十三战法 朱玉童 编著	采纳20年来的品牌策划方法，同时配有大量的案例	众包方式写作，丰富案例给人启发，极具价值
	今后这样做品牌：移动互联时代的品牌营销策略 蒋 军 著	与移动互联紧密结合，告诉你老方法还能不能用，新方法怎么用	今后这样做品牌就对了
	中小企业如何打造区域强势品牌 吴 之 著	帮助区域的中小企业打造自身品牌，如何在强壮自身的基础上往外拓展	梳理误区，系统思考品牌问题，切实符合中小区域品牌的自身特点进行阐述
渠道通路	深度分销：掌控渠道价值链 施 炜 著	制造商通过掌控渠道价值链，将管理触角延伸至零售层面及顾客现场，对市场根部精耕细作，从而挖掘需求，构筑区域市场尤其是三四级市场的竞争壁垒	深度分销是中国企业对世界营销的独特贡献。实践证明，互联网时代深度分销仍有生命力
	快消品营销与渠道管理 谭长春 著	将快消品标杆企业渠道管理的经验和方法分享出来	可口可乐、华润的一些具体的渠道管理经验，实战
	传统行业如何用网络拿订单 张 进 著	给老板看的第一本网络营销书	适合不懂网络技术的经营决策者看
	采纳方法：化解渠道冲突 朱玉童 编著	系统剖析渠道冲突，21个渠道冲突案例、情景式讲解，37篇讲义	系统、全面
	学话术 卖产品 张小虎 著	分析常见的顾客异议，将优秀的话术模块化	让普通导购员也能成为销售精英
	向高层销售：与决策者有效打交道 贺兵一 著	一套完整有效的销售策略	有工具，有方法，有案例，通俗易懂
	通路精耕操作全解：快消品20年实战精华 周 俊 陈小龙 著	通路精耕的详细全解，每一步的具体操作方法和表单全部无保留提供	康师傅二十年的经验和精华，实践证明的最有效方法，教你如何主宰通路

管理者读的文史哲·生活

	书名．作者	内容/特色	读者价值
思想·文化	德鲁克管理思想解读 罗 珉 著	用独特视角和研究方法，对德鲁克的管理理论进行了深度解读与剖析	不仅是摘引和粗浅分析，还是作者多年深入研究的成果，非常可贵
	德鲁克与他的论敌们：马斯洛、戴明、彼得斯 罗 珉 著	几位大师之间的论战和思想碰撞令人受益匪浅	对大师们的观点和著作进行了大量的理论加工，去伪存真、去粗存精，同时有自己独特的体系深度
	德鲁克管理学 张远凤 著	本书以德鲁克管理思想的发展为线索，从一个侧面展示了20世纪管理学的发展历程	通俗易懂，脉络清晰
	王阳明"万物一体"论：从"身－体"的立场看(修订版) 陈立胜 著	以身体哲学分析王阳明思想中的"仁"与"乐"	进一步了解传统文化，了解王阳明的思想
	自我与世界：以问题为中心的现象学运动研究 陈立胜 著	以问题为中心，对现象学中的"意向性""自我""他人""身体"及"世界"各核心议题之思想史背景与内在发展理路进行深入细致的分析	深入了解现象学中的几个主要问题
	作为身体哲学的中国古代哲学 张再林 著	上篇为中国古代身体哲学理论体系奠基性部分，下篇对由"上篇"所开出的中国身体哲学理论体系的进一步的阐发和拓展	了解什么是真正原生态意义上的中国哲学，把中国传统哲学与西方传统哲学加以严格区别
	中西哲学的歧异与会通 张再林 著	本书以一种现代解释学的方法，对中国传统哲学内在本质尝试一种全新的和全方位的解读	发掘出掩埋在古老传统形式下的现代特质和活的生命，在此基础上揭示中西哲学"你中有我，我中有你"之旨
	治论：中国古代管理思想 张再林 著	本书主要从儒、法墨三家阐述中国古代管理思想	看人本主义的管理理论如何不留斧痕地克服似乎无法调解的存在于人类社会行为与社会组织中的种种两难和对立
	车过麻城 再晤李贽 张再林 著	系统全面而又简明扼要地展示了李贽独到的学术眼力和超拔的理论建树	帮助读者重新认识李贽的思想
	中国古代政治制度(修订版)上：皇帝制度与中央政府 刘文瑞 著	全面论证了古代皇帝制度的形成和演变的历程	有助于读者从政治制度角度了解中国国情的历史渊源
	中国古代政治制度(修订版)下：地方体制与官僚制度 刘文瑞 著	全面论证了古代地方政府的发展演变过程	有助于读者从政治制度角度了解中国国情的历史渊源
	中国思想文化十八讲(修订版) 张茂泽 著	中国古代的宗教思想文化，如对祖先崇拜、儒家天命观、中国古代关于"神"的讨论等	宗教文化和人生信仰或信念紧密相联，在文化转型时期学习和研究中国宗教文化就有特别的现实意义
	史幼波《大学》讲记 史幼波 著	用儒释道的观点阐释大学的深刻思想	一本书读懂传统文化经典

思想·文化	史幼波《周子通书》《太极图说》讲记 史幼波 著	把形而上的宇宙、天地,与形而下的社会、人生、经济、文化等融合在一起	将儒家的一整套学修系统融合起来
	史幼波《中庸》讲记(上下册) 史幼波 著	全面、深入浅出地揭示儒家中庸文化的真谛	儒释道三家思想融会贯通
	梁涛讲《孟子》之万章篇 梁涛 著	《万章》主要记录孟子与万章的对话,涉及孝道、亲情、友情、出仕为官等	作者的解读能帮助读者更好地理解孟子及儒学
	两晋南北朝十二讲(修订版) 李文才 著	作为一本普及性读物,作者尊重史实,运用"历史心理学"的叙事方法,分12个专题对两晋南北朝的历史进行阐述	让读者轻松了解两晋南北朝的历史
	每个中国人身上的春秋基因 史贤龙 著	春秋368年(公元前770 - 公元前403年),每一个中国人都可以在这段时期的历史中找到自己的祖先,看到真实发生的事件,同时也看到自己	长情商、识人心
	与《老子》一起思考:德篇 史贤龙 著	打通文史,回归哲慧,纵贯古今,放眼中外,妙语迭出,在当今的老子读本中别具一格	深读有深读的回味,浅尝有浅尝的机敏,可给读者不同的启发
	说服天下:《鬼谷子》的中国沟通术 翟玉忠 著	由内圣而外王,从心力的培育到具体的说服理论,再到生动的说服案例	从商业到军事再到日常生活,沟通说服已经变得越来越重要
	读《管子》,知天下财富:轻重术与中国古典经济思想 翟玉忠 著	中国农业社会规模庞大的市场产生了复杂发展的经济理论——以《管子》轻重十六篇为核心的轻重术	本书分为道、术两大部分,有思想、有谋略,相信你会从中有所收获
	中国商道:从古典商书说开去 翟玉忠 著	对中国先秦和明清两个商品经济大发展时期商业典籍的第一次系统整理和诠释	中华商道一脉相承,造就了无数商业奇迹,成就了无数商业巨子。今人读之,必能获益
	跟陈忠建学写名家书法Ⅰ 跟陈忠建学写名家书法Ⅱ 陈忠建 著	中国台湾著名书法教育家,用视频手把手教你摹写历代名家笔触	用拟古千字文的形式,学习名家的技巧
	像美国人一样讲话:教你记住800句最地道的美语 马方旭 著	本书基本囊括了在美国最常用最地道的800习惯用语表达,包含中英双语翻译,以及清晰明了的注解帮助增强记忆,加入视频等流行的记忆方法	易读易懂,趣味十足
	郑子太极拳理拳法 杨竣雄 著	走进郑子太极拳完整训练体系的大门,随着书中另一主角——师父的课程安排与每日功课的练习	当您学完这套书后,在掌握拳架的同时具备诸多正确的太极理念与系统知识
	内功太极拳训练教程 王铁仁 编著	杨式(内功)太极拳(俗称老六路)的详细介绍及具体修炼方法,身心的一次升华	书中含有大量图解并有相关视频供读者同步学习
	中医治心脏病 马宝琳 著	引用众多真实案例,客观真实地讲述了中西医对于心脏病的认识及治疗方法	看完这本书,能为您节约10万元医药费

图书在版编目（CIP）数据

宝贝来，咱一起玩家事 / (日) Emi 著；许郁文译
. -- 北京：北京联合出版公司, 2017.4
　　ISBN 978-7-5596-0079-0

　　Ⅰ.①宝… Ⅱ.①E… ②许… Ⅲ.①家庭教育 Ⅳ.
①G78

中国版本图书馆CIP数据核字（2017）第074236号

著作权合同登记图字：01-2017-1624

宝贝来，咱一起玩家事

作　　者：【日】Emi
译　　者：许郁文
选题策划：DUOCAI 多采文化
责任编辑：肖　桓
装帧设计：水长流文化
策划编辑：于晓艳

北京联合出版公司出版
（北京市西城区德外大街83号楼9层　　　100088）
新经典发行有限公司发行
电话（010）62026811　　邮箱duocaiwenhua2014@163.com
北京艺堂印刷有限公司印刷　　新华书店经销
字数120千字　　880毫米×1230毫米　　1/32　　4印张
2017年5月第1版　　2017年5月第1次印刷
ISBN　978-7-5596-0079-0

定价：39.80元

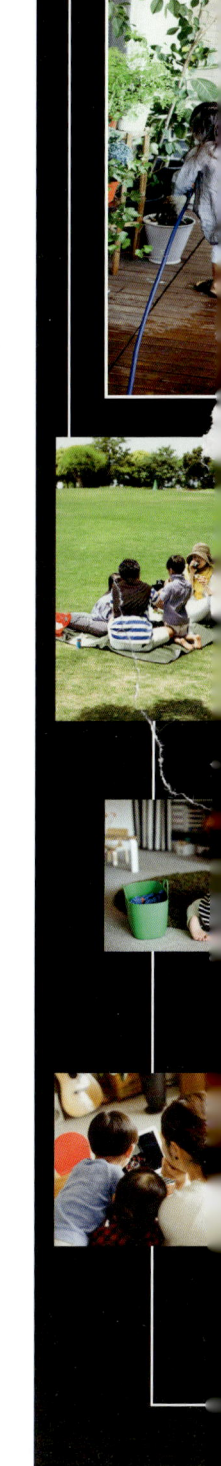

OURHOME *emi*

是一名整理收纳咨询师，也是龙凤胎的妈妈。以"家人的幸福就从基本的家庭生活开始"这个理念，于2008年创立"OURHOME"（我们的家）博客。在大型网购公司从事商品开发8年后，于2012年自行创业。在各种讲座的举办、演讲与商品企划开发都有精彩的表现。2015年在日本兵库县西宫创立"OURHOME"生活课程工作室。

著作有《边收拾边教育孩子》(日本大和书房)、《OURHOME跟孩子一起痛快地生活》《孩子照片整理术》《不锈钢组合柜的超强收纳术》(以上皆为日本WANI Books出版)、《我都选择轻松的事情》(日本主妇之友社)以及其他著作。持续分享生活与育儿经的博客"OURHOME"目前每月拥有150万的点击率。从2015年开始发送"OURHOME WEB LETTER"（我们的家电子刊），逐步扩展活跃范围。

主页　OURHOME 305.com

博客　OURHOME 305.exblog.jp